✝

모두가 힘들고 괴롭다는 이 시대에
우리는 예수님의 원하심을
제대로 알고 살아가야 평안합니다.
평안 속에서 복된 삶을 누리는 백성이 되기를
주님은 원하십니다.
예수님의 원하심은 바로 의리입니다.
우리의 죄 때문에 십자가 지신 예수님께
의리의 삶을 지키려고 나아가는 백성은
반드시 주님이 존귀하게 여기십니다.

이 책을 통하여 그 의리를 깨닫고 실천하여
형통의 삶을 맛보며 많은 분들께
그 진리를 전하는 복된 백성들이
되기를 소망합니다.

— 작가 이영민 올림 —

✟

주님품을 사모하는 부족한 한 사람.
세상 속에 속했었던 부족한 한 사람인 제가..
주님의 은혜로 돌이켜 가면서
주님품에서 의리(loyalty)로 경험하는
형통과 평안을 글로 써서
그저 많이 공유하고 싶은 공간입니다

모두들 힘내세요.

- 이 영 민 -

LOYALTY

이영민 작가

✝

모든것은
예수님께 지키는
의리에 정답이 있습니다.

　하나님의 결정으로 이세상에 오셔서 누리지 못하시고 고생하시며 고통당하신 십자가 지신 예수님의 사명은 우리의 죄 때문입니다. 그러면 예수님께 지키는 의리란.. 우리안에 그 죄들과 악습을 인정하고 엎드리어 행동으로 하나씩 선으로 이겨 나아가는 행동이 십자가 지신 예수님에 대한 의리이며 또한 아들인 예수님께 우리의 죄때문에 지시하신 하나님에 대한 가장 큰 의리입니다. 그것이 신앙생활의 전부이며 주님이 평가하시는 진정한 믿음인 것이며 그런 의리자는 존귀히 여기시사 형통케 하십니다. 의리있는 자는 받은 형통과 은혜도 주님의 공로로 인정하고 의리있게 많은 이들에게 전파하기 때문입니다. 그리하여 소수의 의리자들에게 은혜와 형통을 허락하시는 것입니다. 우리는 항상 죄를 지으면서 반복된 회개기도에만 안주하고 그치지 말아야 합니다.
반복된 행동으로 변화되는 것이 진정 주님을 의식하는 의리의 복된 자녀임을 꼭 아시고 존귀한 아버지의 축복을 받으시기를 바랍니다. 의리가 비결입니다.

아버지께
의리의 관계로
동행하는 삶의 형통

아버지께 의리를 지키고 있다면 세상부모에게도 의리를 지키고 있을것이며 평안하고, 형통의 삶을 살고 있다는 증거입니다.
우리의 아픔과 힘듦을 알아주기를 구하고 바라기전에 우리를 위한 예수님에 나그네의 삶과 십자가의 고통을 겪으신 그분의 아픔, 슬픔을 먼저 알아 드리고 감사로 구하며, 우리의 죄를 항상 성찰하고 줄이며 이겨내려는 의리가 주님이 십자가지신 희생에 대한 의리인 것입니다.
곧.. 그것이 주님보시기에 가장 존귀한 것입니다.
아직도.. 지금도.. 십자가지신 사건과 나그네로 사신 여정이 소설로 받아 들여지고 있다면.. 혹은 반신반의로 여기어진다면 우리의 삶은 현재 진정한 평안의 삶이 아닐것이 확실합니다.

현재에 감사와 만족은
주님이 보시기에 존귀한 의리입니다

물질이 많아도 감사와 만족이 없으면
주신 복을 누리지 못하고 늘 결핍과 부족함으로 불행한 인생을 살고..
물질이 부족해도 주님주신 은혜에 만족하고 감사하면
그 사람은 복을 누리는 사람입니다.
그렇기에 삶에서 은혜될 일이 많이 있을 것입니다.
곧 감사와 만족은 주님이 주신 은혜에 대한 겸손한 의리이며,
복을 누리는 비결인 것입니다.
우리가 이 비결을 알고 복을 누리는 자로 살아가기를 원합니다.

✝

모든것을 잃어..
앞길이 멀게 느껴지고,
손안에 쌓이는 물질이 없을 때..
희망이 멀게만 느껴질 때..

그 또한 나만의 작고 얕은 생각이었습니다

때로는 거져주시사
채워주시는 분이 주님이셨습니다

때로는 한순간에도 상황을 바꿔주시는 아버지..
나의 장점을 누군가에게 가장 필요한 상황으로 만드시사 내가 누군가에게
은인이 되게 인연을 만드셨습니다. 그분이 주님이십니다.
순서를 바꾸시고, 우리의 한계를 넘으시는 전지전능하신 주님을 신뢰하며,
넘어져도 다시 일어나 자신을 옳게 점검하고 주님께 의리지키며,
희망을 잃지 말아요.

Loyalty to the Jesus!

악습을 끊어내려고
의지의 몸부림이 시작되면,
악습을 이기는 환경과 배경을 주십니다

악습인 것을 아는 것도 감사이고 알고 부끄러워 끊어내려는 시도와 몸부림은 보시는 주님 앞에 존귀한 것이며..
행동으로 하루하루 이기려 나아갈 때부터 주님께서 우리에게 끊어낼 수 있는 새로운 환경과 배경이 오도록 도와주시사 ..
결국 주님이 우리를 사망의 근처에서 평안의 근처로 인도하시사
승리케 하여주십니다.

✟

이해할 수 없어도
주님이 결정하신 결과를
따르는 것이 겸손이고 믿음입니다

속속들이 완벽하게 상황상황을 알 수 없고..
예상할 수밖에 없는 존재인 인간인 우리의 잣대로..
주님이 결정하신 결과를 부인하고, 우리의 판단으로 불복하며..
불평하는 것도 죄라는 것을 잊지 마시기 바랍니다.
어떤 결정에도 주님은 깊은 뜻이 있으시고, 누군가에게 손가락질 받을 수밖에 없는 완벽하지 않은 부족한 인간인 우리 자신들 모두에게도..
상황과 때에 맞게 자비로 우리를 사용하셨고, 지금도 우리의 수치를 드러나지 않게 덮어주시고 사용하시고 계시기에 우리의 기준으로 이해가 되지 않아도 이유 있는 주님의 결정을 따라갑시다.

Loyalty to the Jesus!

죄를 뿌리치는 습관은 하루하루
승리로 쌓일 때 비로소 가능합니다

깊이 습관되어온 죄성을 단 한번에.. 몇번에 돌이키지 못합니다.
허나, 하루하루 뿌리치고 고민하고, 망설여지고..넘어지고 한탄하며
바로 일어서고.. 그것이 쌓일 때.. 어느 순간 우리는 변화되어 있습니다.
승리의 날이 넘어지는 날보다 많아지며 앞서기 시작할 때 우리는 드디어
평안으로 안착됩니다.
그것은 주님을 의식하고, 한편으로는 주님만 두려워할 때..
우리 자신의 죄성의 모습이 한심해지고 비로소 돌이킬 수 있습니다.
점점 이겨내는 것 줄여가는 것..
그것이 진정한 회개이자 십자가 지신 주님께 지키는 의리입니다.

유혹을 이기고 있다면
진정 주님을 의식하는 의리자 입니다

순간, 하루, 악습과 유혹 속에서 이겨내는 것이
쌓이면 깊이 박힌 습관이 변해집니다..
변화될 우리에게 예비하셨던.. 기다리셨던.. 새로운 은혜가 느껴지고
임할 것이며 그 은혜의 고백이 많은 곳으로 전달될 것입니다.
눈으로 보이지 않는 존재지만 살아계신 아버지를 진정 의식하는 것이
믿음이며, 이시대에 주님이 찾으시는 진정한 믿음의 존귀한 자이고,
그 백성을 들어쓰시고 사용하실 주님입니다.

시작해봅시다. 한순간, 하루 먼저...

Loyalty to the Jesus!

✝

주님을 의식하는 삶은
주님의 원하심과 우리의 선택이
정확히 일치합니다

원하심과 우리의 선택이 일치하면
지금의 삶이 형통과 평안으로 살고 있을 것입니다.

✝

우리의 선택이 틀려도…
아버지의 선택에는 완벽하신
뜻이 있습니다

혹시 우리의 선택이 빗겨가도 ..
반드시 이유가 있는
완벽하신 주님의 선택을 신뢰하며 나아갑시다.
부족한 우리도 아버지께서 선택하시사
들어쓰시기 때문입니다.

Loyalty to the Jesus!

아닌걸 보여주시고 알게함에도
가는 것은 우리가 책임져야 합니다

미련한 것은 아닌 것을 순간에 욕심으로 가는 것,
또 그것이 계속되는 것, 또한 주님이 보시고 계시는 걸 의식하지 못하고
계속 합리화하고 가는 것.
그것은 우리가 책임져야 합니다.
후회하지 말고 변하십시오. 그리고 몸부림쳐서 하루하루 습관을 바꾸세요.
처음은 힘들지만 믿음으로 나아갈 때 존귀하게 여기시사
더욱 크고 오래가는 은혜를 부어 주실 것입니다.

✝

우리의 주인이
싫어하는 것을 계속 하면서...
무엇을 바란다는 말인가...

주님 앞에서도 염치가 있어야 하고, 의리가 있어야 합니다.
변하지 않는 것은 주님을 진정 의식함이 아니요.
존귀한 여김을 받으려면 칭찬받을 행동을 하며,
항상 감사로 만족으로 아뢰고 구해야 합니다.

✝

아버지의 계획이었고,
아버지가 주관하시니,
아버지만 자랑합니다

이미 계획하신 삶이고
이미 목표지점으로 가도록
여러모로 단단하게 주관하셨고, 때론 곁길로 가도
회개하고 돌아오는 의리도 지킬 것을 아셨으므로
결국 인도하시사 푯대를 향하여 가고 있습니다.
우리보다 우리의 환경, 위치, 상황, 관계를
더 잘 아시는 주인이신 아버지만 소망하며 자랑합니다.

회개는 행동의 변화이고
변화는 습관에서 이루어집니다

회개는 주님을 의식하여, 부끄러워질 때 진정한 변화를 추구하게 되며,
그 변화는 기존의 깊이 박힌 그릇된 습관에서 옳은 습관으로 힘들지만
하루하루 몸부림쳐서 한순간, 하루씩 이겨나가는 횟수가 점점 쌓일 때,
우리는 새로운 습관으로 안착되어 갈 수 있습니다.
그릇됨을 아는 것이 진정 주님을 의식하는 것이고, 주님앞에서 겸손하고
명철한 것입니다.
알고 행하는 것은 믿음이며, 그 믿음의 완성은 순간,
그리고 하루하루 몸부림치며 옳은 선택들이 쌓여야 비로소
우리는 진정한 평안을 알 수 있습니다.
우리가 시작하면 그리고 의지가 있으면 주님이 힘을 주십니다.

✝

부족한 선택을
최고의 선택으로 이끄시는 분

우리가 주님 보시기에 존귀하게 행하며
주님 보시기에 세상보다 주님을 사랑할 때
세상에서 부족해 보여도 최고로 세우시는 주님.

지금껏 살고 있는 자체가
받은 은혜로 고백되지 않는다면,
우리만 원하는 은혜는 오지 않을 것입니다

받은 은혜를 인정하지 않으면 곧 배신이고,
받은 은혜를 감사로 여기지 않고 당연한 것이라고 느끼는 것 또한
교만이며 의리있는 자가 아닌 것입니다.
우리는 잘난 것이 하나 없습니다. 모든 것이 주님의 작품입니다.
마시는 공기, 우리도 모르는 우리의 심장 상태,
혈관 상태, 몸속의 장기들과 피의 흐름, 모든 것은 주님의 작품이고
주님이 주관하시기에 지금 존재합니다.
가장 큰.. 받은 은혜들을 은혜로 모른다면 우리가 원하고 구하는 것들과
지속되고 평안한 참된 은혜가 쉽게 다가올 수 없을 것입니다.

†

내가 지나쳐 놓치는 것들을
지켜보시고 보완해 주신 주님

내가 주님품에서 감사와 만족으로 살아갈 때..
놓치는 것들까지 보완하여 주시사 화를 면케하시고
장애물을 피해가게 하시며, 놓친 기회마저 보완하여 주셨습니다.
우리는 예수님을 애처롭게 여기고,
감사함으로 의리지키며 감사와 만족으로 나아갈 때
예수님은 애처로운 우리를 더욱 존귀하게 여기십니다.

✝

모든 것을 살피시사
역전하시는 주님

억울해도 아십니다. 모함에 걸려도 아십니다.
악인이 의인이라 하고 의인이 악인이라 소문나도
주님은 진실을 아십니다.
그러니 속상해하지 말고
무너지지 마세요.
모든것을 아시는 주님이 계시니까요..
그 분은 옳은 역전을 만드시는 전능하시고 멋있는 분입니다~

Loyalty to the Jesus!

✝

때에 맞게 사람의 마음과 위치를
움직이시는 유일하신 전능자 예수님

오직, 유일한, 모든 것의 주인이신 아버지.
사랑하는 우리에게 때에 맞게..
불가능을 가능케 하시는 유일한 주님.
그분의 은혜를, 도우심을 인정하고 고백하며 감사하는 자에게는
주님이 더욱 영광 받으시려고 모든 것을 움직이시사
감사의 고백으로 만드십니다.

✝

깊이 박힌 죄의 습관은...
그 분 앞에서 부끄러움을 느낄 때
비로소... 습관이 바뀔 수 있습니다

습관된 죄에 대하여 부끄러움을 느끼고 점점 줄이고 끊어내려는 변화되는
삶이 주님을 의식하는 자이며, 그것이 믿음이고 우리신앙의 성숙과 변화인
것입니다. 죄를 합리화하게 될 때는 그 습관이 더욱 깊어지고 있으며,
결국 변화되지 않는, 주님을 신실하게 의식하지 않는 행함이 없는 반복된
회개기도에 그칠 뿐입니다.
각자가 하루하루 세상을 믿음으로 살아가는 깊이가 틀립니다.
주님은 바라십니다. 우리가 죄에 습관에서 진실로 주님을 생각하며..
힘들지만 행동으로 변화되어 진정한 마음의 평안을 누리기를...
그것이 우리죄를 위해 십자가지신 예수님에 대한 보답이자
지키는 의리일 것입니다.

Loyalty to the Jesus!

은혜를 받은 줄 모르고 살면
은혜될 일이 삶에 오지 않습니다

은혜 받은 것을 작은 것부터 당연한 것부터
사는 것을 은혜로 느끼고 외치는 자는 모든 것이
은혜로 여기고 감사하기에 은혜의 기회와
담대함이 더욱 커지게 다가오며
결국 받은 은혜를 감사로 고백하는 의리있는
아들과 딸들에게는 큰 은혜를 더욱 주시기에
큰 사명을 감당할 수 있습니다.

✝

무조건의 응답을 받으려면서...
조건을 따져 사는 삶은 합당치 않습니다

우리는 주님에게 허물의 덮음도 받고,
무조건의 사랑을 받고 있고, 무조건으로 구하고 받으려 하면서..
소외되고 외로운 부모나 형제, 자매들에게는 서운한 감정만 생각하며
조건을 따지고 멀어진 사랑이 없는지.. 돌아보며.. 변화되야 합니다.
주님이 우리를 용서하시고 덮으신 것처럼 우리도 힘들겠지만
용서하며 덮고, 조건없는 사랑을 조금씩 다시 실천하고 노력할 때.
더욱 주님의 무조건의 사랑이 가득 임하는 그릇이 되어
더욱 풍요로이 채워지고 전파될 것입니다.

합당한 삶에서
합당한 목적으로
합당한 소망을 갈구하면

완벽하게 만들고 이루십니다

주님 보시기에 우리 삶이 점점 합당히 변화되고..
모든것에 조건보다 사랑으로 모두가 좋은 목적이 구해지며..
그 목적이 주님보시기에 합당함으로 일치되면
그 모든 것은 변수없이 형통하게 이루어 주셨습니다.

✝

선하신 왕을 믿고, 의식하면
합당한 삶으로 점점 채워집니다

진실된 믿음은 행함으로 이어집니다.

✝

아직 시험에 드는 것은
아직 자아가 강한 것입니다

우리자신과 주님과의(1:1)
무조건 사랑과 은혜를 아는 의리의 관계 앞에서는
그 어떤 무엇도, 그 어떤 시험도
끝내 이겨낼 수 있습니다.

✝

주님이 이끌고 계심을 모르면
내가 앞서서 하기에 복잡해집니다

죄의 습관에서 몸부림치는 힘도 주님을 의식함이요
두려울 때, 알 수 없을 때 믿고 내려놓는 지혜도 주님을 의식함입니다.
우리가 주님을 의식하고 인정할 때 더욱 디테일하고 옳은 길로 이끄시며..
우리가 반신반의하고 뜨뜨미지근하면 결국 우리의 힘으로 나아가고
결정하게 됩니다.
그것이 미련한 것이며 복잡함으로 가는 불행입니다.

✝

우리의 의심을
믿음으로 바꾸시는 성령님

우리가 주님을 의심할 때도, 반신반의할 때도 있지만..
주신 은혜를 주님의 사랑으로 받아들이는 의리있는 자에게는
확고한 믿음으로 바꾸시며 한없는 은혜를 부으시는 성령님^^
그런 자에게는 은혜가 복음으로 이어지기 때문입니다.

✝

받은 은혜를 인정하고
의리로 가는 자에게는
지속되는 은혜가 임하여집니다

우리를 위하여 고통받으시고 나그네로 사시며 억울하게 죽으시고
이세상에서도 우리가 지금 누리는 최소한의 것도 누리지 못하시고 사명을
감당하신 불쌍하고 감사하신 예수님께..
우리는 지금도 살아서 최소한의 것들을 누리고 받고 있는 모든 은혜를
우리가 아닌 주님의 공으로 인정하고, 그런 예수님께 염치없이 구하고
조건을 걸고 기도하고 나아가기보다는 감사와 만족으로 주님을 생각하며
주님의 마음을 슬프게 흐느끼며 의리로, 눈물로 주님 앞에서 변화되며,
받은 은혜의 감사를 많은 이들에게 당당히 고백하며 합당히 변화되는 자는
예수님이 존귀히 여기시사 주님도 더욱 의리있는 자에게
그 은혜가 지속되게 역사하실 것입니다

✝

결국,
모든것을 이기시고
모든것을 이루신 주님

그래서 부족한 우리가 순간순간 엎드리고 변화된다면 평안의 마음으로 새롭게 살 수 있습니다.
그것이 진리이고 그것이 우리를 평안으로 자유롭게 합니다.
절대 죄안에서 머무르면 진리와 참평안이 우리 안에 거하지 않습니다.

침묵하시지만
가장 강력하게 돕고 계신 주님

우리를 위하여 막으실 때도, 열어주실 때도,
가장 강력하게 역사하십니다.
우리 삶 모든 것이 주님의 뜻과 주관으로 움직임을 믿는자에게는
침묵하시고 계시는 것 같지만 모든것이 가장 강력한 도우심으로
가장 적절하고 완벽하게 작용되고 있는 중임을 명심해야 합니다.

신뢰하는 자에게
보여주신다

어중간하게 믿으면 어중간하게 체험하고
전적으로 의식하고 신뢰하면 사사건건 체험과
은혜가 넘쳐날 것입니다.
주님을 의식하고 신뢰함은
곧 주님께 의리지키는 변화되는 삶을 살아가기 때문입니다.

단련 시키심이
큰 축복입니다

힘들지만 정신적, 육체적으로 받아들일 수 없는 상황을 겪지만..
버틸 수 있는 환경을 꼭.. 주십니다.
고난을 받는자에게 그만큼 성숙한 큰일과 사명을 끝내 맡기심을 압니다.
많은 고난.. 수많은 변수, 경험을 겪으면서 내가 부족함을 알고 주님의
은혜로 살아감을 고백하게 만드시며 그것을 겪고 고백하는 자는
큰 축복입니다. 우리가 고난 앞에 받아들이는 자세가 중요합니다.
버티고 이기게 해주시니까.. 고난 중에 짧고 후회만 남는 세상 악한길을
택하지 마시고, 고난에 감사와 만족으로 훗날 크게 쓰심을 믿고.
비천에도 풍부에도 처할 줄 아는 비결을 배우며 축복으로 받아들이는
우리 모두가 되기를 축복합니다.

Loyalty to the Jesus!

✝

세상 삶에서 악하고 죄인인 우리들이
교회 안에는 죄인이 많다며
성전에 나아가지 않는 존재들은

정작 자신의 죄를 참회하며
돌아보지 못하는 어리석은 자입니다

우리 모두는 주님앞에서 부족하며 죄인인 존재입니다. 죄인인 우리는 예배당에 나가 주님을 의지하고 참회하고 변화하며 용서받고 나아가야 평안을 얻는 죄인이지만 주님보시기에 그런 죄인인 우리가 예배당에 나와 엎드리며 변화되는것이 존귀한 것이며, 그것이 죄인인 우리를 평안과 자유로 인도합니다. 하지만 많은 이들은 본인이 죄인인줄 모르고 교회에서 남의 죄만 보고, 들추고, 그것으로 인해 예배당을 떠나며 본질을 모르고 그것이 맞다고 합리화하며, 자신들은 마치 죄인이 아닌것으로 간주하며 교회를 죄인이 많은 곳으로 퍼트리고 멸시하고 주님의 영광을 가리는 무지한 자들이 많습니다. 교회는 죄인인 우리모두가 주님께 나아가는 유일한 회복의 장소입니다. 그리고 성전은 남을 의식하는 곳이 아닌 주님과 우리만의 소통의 공간이며, 우리 죄를 내려놓는 참회의 공간임을 잊지말고 착각하지 말기를 바랍니다.

✝

결국, 주님의

크고

깊은

사랑이었다..
모든 것이 이유가 있었습니다

힘들고, 괴롭고, 막막하며, 때론 곁길로 가도 돌아오게 하여 주시고,
죄를 짓고 불합리한 행동도 하였지만 마음의 불편함을 느끼게하시사
돌아왔고, 알 수 없는 풍파 속에서도 지키시고, 단련하셨고, 수많은 상황을 겪게하시고 경험케하시사 단단하게 하셨고 광야를 지나며 옳고 그름을 배우게 하시사 변화하였고 가지치기를 할 수 있는 지혜와 순종을 배우게 하셨습니다.
오직 주님만이 평안이고, 조건없는 용서를 하시며, 자유를 주시며
은혜주시는 존재이심을 느끼게 해주신 아버지께 감사드리며
영광 돌리겠습니다.
그것이 아버지에 대한 의리를 지키는 자세임을 잊지않고 나아가겠습니다.

Loyalty to the Jesus!

하나님에 대한
두려움을 상실하면
세상이 두려워질 것입니다

자비와 사랑의 주님이지만,
진심으로 주님만 의식하고 두려워할 때
우리는 주님이 바라시는 삶으로 변화할 수 있습니다.
그것이 상실되면 세상속에서 우리 멋대로 사는 인생이 결국 세상에 대한
두려움으로 몰려올 것입니다.

✝

세상에서
크고 웅장해 보이는 사업체들도...
변하고 사라지는 일시적인 것입니다

대단해보이고 유명해도, 모든 것, 모든 수고도,
배려와 사랑이 없으면 허무하며,
세상 기준에 크고 웅장함, 유명함은 변하며 어느순간 사라지고,
우리의 존재 또한 사라집니다.
누구나 짧은 세상에서의 삶을 마감합니다.
그러기에 주님을 진실로 의식하고 주님께 소망을 두며,
세상것에 세상삶에 너무 집착하지 말고,
주님안에서 주님이 주시는 은혜와 진리로 자유를 누리며.
평안과 만족 적당함을 알고 누리며, 조건보다 상대를 배려하며 도와주는
감사의 삶을 사는것이 이 세상에서도 천국입니다.

✝

모든 것을...
주님의 공으로 고백하는 자들은
감사의 고백이 늘어나게 되어 있습니다

숨쉬고 사는것, 심장이 뛰는것, 우리도 스스로 보지 못하고 상황을 모르는 우리의 신체 장기들을 만드시고, 조절하시는 엄청나신 주님께 모든 삶의 상황을 감사로.. 주님의 공으로 진실되게 느끼며 인정하며 고백하는 자에게는.. 불평하고 불만족하는 자들이 느끼지 못하는 은혜의 지속되는 역사와, 감사할 간증거리들을 더욱 채워주십니다. 그런자들은 은혜를 알고 의리를 아는 자들이라 아무것도 아깝지 않으시며, 그런자들에게 큰일을 맡기시고 훗날 그런자들이 받은 은혜의 공을 "주님"이라고 고백하며 영광돌릴 수 있음을 너무 잘 아십니다.

✝

나의 걸음과 선택을
지지해주시고 지켜주시는
만왕의 아버지...
주 예수 그리스도

앞을 모르는 한없이 부족한 내가 언제, 어디를 가도
나의 선택을 지지해주셨고, 지켜주셨으며
환난을 피하게 하셨고, 걸음걸음을 살피셨고
변화되실것을 기다려주시고 믿어주시고
먹여주시며 지켜주셨던 주님..
그런 아버지 앞에서 변화되며, 의리지키며,
받은 은혜와 진리를 전파하겠습니다.

Loyalty to the Jesus!

✝

디테일하게…
주님을 의식하면
디테일하게…
주님도 우리를 의식해 주십니다

그분을 따르고 그분을 진실로 의식하고
믿는자에게는 주님은 디테일하게 챙기시고
우리의 삶을 쓰시고 계획하십니다.
주님도 거짓과 반신반의한 우리의 모습보다 진실로 의식하며
경외하는 의리있는 자를 쓰시고 찾으심이 분명합니다.

✝

익숙함에 안착되어야 하는 것은
습관된 죄가 아니고
습관된 평안이 되어야 합니다

습관된 죄는 불안하고 합리화되어
나중에 걷잡을 수 없이 모든 것을 잃고 후회하게 됩니다.
하루라도 빨리 아닌것은 평안이 되는 회개와 점점 합당하게
변화, 줄임, 이 습관이 되어 평안의 삶으로 안착되어야 합니다.
보시는 주님앞에서 그릇된 삶이..
마음이 불편하고 안절부절해야 우리는 다시 주님께 돌아갈 수 있고,
그것이 진정 주님을 의식하는 자세입니다.

✝

오직…
내가 엎드리고.
눈치보며 나아갈 분은…
나를 주관하시는 사랑의 주님

오직 한결같이 나를 돌봐주시고
인간들과 틀린 조건없는 의리, 자비와 사랑을
베풀어 주시고, 언제나 나를 너무 잘 아시기에..
깊이 판단해 주시고, 합리적인 결정을 할 때 편 되어주시고..
이해해주시고 안아주시는..
예수님께만 엎드리고.. 의식하며,
경외하며 나아갑니다.

✝

우리 모두는 안쓰럽고 불쌍하고 애처롭다
하지만 예수님은 더욱 그러셨고 그걸 아시기에
우리에게는 본인보다 이 세상 삶에서 더욱 챙겨주시고
안아주신다. 그걸 잊지말고 예수님을 불쌍히 여기며,
예수님께 감사하며 의리를 지킵시다.
기죽고 포기하지 마십시오. 그를 믿는 자는 주님이
막아주시고, 지켜주시고, 전환시키십니다

이세상에 사람으로 오셔서..
지금 우리가 누리는 최소한의 것도
못누리시고 고생하시고 억울하시게 고통받으시고
우리를 위하여 희생하신 예수님.
그런 예수님 생각하면 모든것이 감사와 만족을 바탕으로
아뢰고 나아가겠습니다.
부족한 이아들 자비로 안아주시고 진리를 알게하여 주셔서 감사합니다.
그 진리를 의리로 전하는 아들되겠습니다.

✝

예수님 외에는 성경에서...
그 어떤 족보도 신이 될 수 있는 존재가 없으며...

하나님의 유일하신 아들...
예수님만이 우리의 구원자이시며,
곧 그 분을 알고 동행하는 것이 진리입니다

아브라함, 야곱 등등 그 족보와 인물들은 오직 하나님의 아들 예수님을 위하여 존재한 족보이고, 존재이다. 우리가 섬기고, 예배하고, 경외해야 할 분은.. 오직 우리를 위하여 세상에서 희생하시고 우리를 위하여 하나님의 사명을 받고 모든것을 감당하신 오직 진리이자 오직 우리를 살리시고 용서하시고 일으키시는 예수님이다. 우리가 그분과 동행하려하고 그분만 의식하고 그분께만 엎드리고 우리의 삶이 그분이 주인이심을 인정하고, 우리를 다스리시도록 내려놓고 감사와 만족을 훈련하며 부족한 우리를 인정하며 회개로 변화하며 예수님과 동행하는 삶은 곧 평안이고 형통이며 그것이 진리이고 우리를 복잡한 세상속에서 불필요함과 필요함을 구분할 수 있게 하시기에 그것이 진리가 되어 우리를 자유케 할 것입니다.

†

주님이 노여워하시기 전에
습관과 반복을 돌이켜 주님 품으로
일찍 회복되어야 합니다

당장 노여워하지 않으신다고 무뎌지는 습관을 방치하거나, 악과 어둠에서 안주하며 나아간다면 우리영혼은 어두운 악의 기운과 틀에서 결코 편할수 없으며, 지속되는 평안의 형통을 절대로 느낄 수 없는 불안한 지옥에서 사는 것과 같을 것입니다. 돌이키기 힘든 깊은 지옥과 같은 현실에서의 소유하는 물질과 모든것은 우리를 평안하게 만들 수 없으며 오히려 더욱더 불안해지고, 그것들을 지키려하나 지출하지 않으면 안절부절하게 만드는 사탄이 주는 마음을 따라 지출하게되어 전부 없어질 것이며, 우리자신이 더욱 피폐해지며, 결국 때는 늦고.. 후회와 허무만 남게 되는것입니다. 그래서 우리는 마음편한 평안의 주님품에 일찍 돌아와서 경건한곳에 주신물질을 사용하며 악보다는 선을, 어둠보다는 빛의 관계와 환경을 추구하며, 가장 빛되시고 밝으신 주님곁을 항상 추구해야 합니다.

✝

아버지...
항상 죄송하고 감사해요
은혜알며 나아가겠습니다

가끔 쓰러지고, 넘어집니다. 아버지..
뻔뻔해도 또 엎드리며 돌아오는
저를 용서하시고 불쌍히 여겨주시고,
마음의 불편함과 두려움을 주시사.. 다시 힘내어
주님께 엎드리고 죄에서 몸부림치며 나아오는
기회 주셔서 감사합니다. 보시기에 합당하지 않는
행동과 상황을 엎드리어 합당하도록 변화하며 나아가는 부족하지만
존귀한 아들 되도록 나아가겠습니다.
자비를 저에게서 그치지 마시고
새힘주시고 강한 오뚜기같은 의지를 더하여 주세요.

✝

우리가 아버지께

디테일한 사랑과 은혜를 받고 있다면

우리도 누군가에게 그랬을 것입니다

부모님이나, 형제, 자매, 동료, 어려운 지인들 등등.
우리가 상대를 위해 조건없이 디테일하게 자신의 일처럼 세밀하게 위하고
도왔다면, 주님 또한 우리를 디테일하게 도우심을 알 수 있었습니다.
주님은 모든것을 우리보다 더 세밀하게 계산하셨음을 느끼고 고백합니다.
그래서 기대하고 바라지 말고 주님이 다 아시니
마음으로 진심으로 배려함을 실천해보는 우리 모두가 되기를
노력해 봅시다.

†

그 분이 계시니...
언제나.. 다시.. 희망이 있습니다

우리는. 낙심하지 말되..
중요한건 주님이 지켜보심을 진실로 의식하고,
주님 앞에서 우리의 불합리한 부분이 부끄러워지며,
합당히 변화하는 자세로 점점 승리하는 횟수가 늘어나면..
주님이 존귀히 여기시사 다시 디테일하게 희망을 보여주시고
돌보심을 느낄 수 있습니다.

✝

변화가 되어야 함에도
습관으로 놔두는 것은 교만입니다

우리의 착각이 합리화를 만들며..
그 습관된 합리화가 우상이 되어 우리를
서서히 무너뜨리며, 마치 그것이 주님의
뜻으로 착각하며 구하는 심각한 상황이 됩니다.
주님을 의식하면 아닌것이 두렵고 불편해집니다.
그래서 우리는 옳고 그름을 분별하는 지혜와 결단력을 구하고,
아닌것을 힘들지만 일찍 돌이키고 몸부림치는 자세가 믿음 생활이며
그것이 주님을 진실로 예배하는 경건한 백성의 자세입니다.

그는 한없이 높으시고,
나는 땅에서 한없이 낮으니라

가장 높은 분이.. 나를 단련하시는데..
믿어지지 않으면 나의 생각, 방식대로
헤쳐나가며 아주 긴시간을 불평, 불만 속에서
한참 돌아가고, 잘못하면 깊은 수렁에 빠지나..
믿어지면 영광이고, 믿어지면 즐기며
버틸힘이 생긴다. 단련중에도 믿는자는
공급받는 은혜를 경험하고 누릴 수 있습니다.

✝

인간은 알면 알수록 손해이며 실망하나..
주님은 알면 알수록 은혜되고 평안합니다..

외롭고 고독하다고 변하고 실망할 수 밖에 없는 존재인 사람을 의지하는건
실망이 큽니다.
나를 판단하는 사람의 시선을 신경쓰고, 집착하는 것도 미련한 것이고
부질없는 것입니다.
인간은 믿을만한 완전한 존재가 되지 못합니다.
오직 용서하시고 힘주시고 새로 살 수 있는 기회를 항상 주시는
자비로우신 우리 주님만 의지하고 의식하고 살아가면
평안과 형통의 삶이 됩니다.

반신반의한 믿음은
그분의 주권과 통치를 알 수 없습니다

반신반의한 믿음은 지켜보시는 주님을 의식하는 것 또한 반신반의라서 우리의 삶이 변화되지도 않고 받은 은혜도 모르고, 살아 숨쉬는 것조차 자신의 의지라 생각합니다.
우리는 나올때부터 갈때까지 우리의 의지와 계획대로 되지 않는 것을 잊지말고, 주님의 의지임을 기억하며..
모든 것을 덤으로, 감사로, 나아가야 합니다.

✝

우리가 처한
상황, 입장, 환경, 관계들을
우리보다 잘 파악하시고 계신 주님

주님이 우리보다 우리를 잘 아시기에
우리는 주님이 우리를 도와주시도록 마음을 얻어야 합니다.
먼저, 그의 나라와 그의 의를 구하기전에 예수님이 세상에 계실때의 고통과 아픔을 슬퍼하며, 그런 예수님 앞에서 불평만하고 뻔뻔하게 구하기보다는 의리와 감사로 현재에 만족하고,
우리가 주님보시기에 아닌것은 인정하고 엎드리면..
모든걸 아시는 주님이 일하시며
존귀히 여기실 것입니다.

Loyalty to the Jesus!

✝

주님보시기에...
우리만의 계획이 멈추고 지체되는 건
훗날 문제가 되거나, 때가 아닌 것입니다

아닌것을 과감히 돌이키려는 의지의 힘과..
옳고 그름을 구분하는 명철..
때를 기다리며 자신의 그릇된 습관을 인정하고 변화하려고 항상 힘쓰는
유연함.. 그리고 모든 다가오는 상황을 감사와 만족으로 받으려는 힘..
잠시 넘어져도 몸부림치며 옳은 곳으로 가려고 엎드리는 힘은..
받은 은혜와, 자신을 항상 디테일하게 지켜보시는 주님에 대한 믿음과
신뢰, 때로는 두려움에서 만들어집니다.
그리고 주님이 주셨던 은혜들을 인정하는 자들에게 그 축복이 임하고
결국 주님이 계획하신 목표의 지점으로 도달할 것입니다.

†

우리를 위하여
누릴 수 없으셨던 예수님
염치없는 자식이 아닌,
감사와 만족으로 나아갈게요

우리를 위하여 세상에 사람으로 오셔서, 누리지 못하시고.
지금 우리가 누리는 모든것을 누리지 못하셨던 주님앞에서
항상 구하기만 하는 염치없는 우리가 아닌,
주님 생각하며 슬퍼하며 감사함으로 기도하고..
삶에서 감사와 만족으로 모든것을 접하는 우리되게 기도합니다.
그것이 참신앙인의 자세이며.. 존귀하게 여기실 것이며.
그것이 우리도 주님을 사랑하는 의리에 자세입니다.

✝

무너진 자신을 다시 정립하는
몸부림과 힘은
주님을 의식할 때 가능합니다

잠시 곁길로 가도 잘못을 알고.. 주님 눈치를 보며 주님만 두려워하며..
마음이 불편하여 주님께 엎드려 나아가는 백성은..
무너져도 일찍 정립, 회복할 수 있으며 주님께 감사하며
주님께 의리지키는 자가..
최후에 온전해지는 역사가 일어날 것입니다.

✝

우리 마음의
평안 또는 불안함을 통하여
옳고 그른 길을 알려주시는 주님

우리는 느낍니다. 아닌 것을.. 불안한 것을.. 하지만
속도와 한탕주의 그리고 욕심과 익숙함, 미련때문에 아닌걸 알면서
습관되어 아닌것을 놓지 못합니다. 그러면 주님이 일하실 수 없습니다.
우리가 아무리 수고해도 사랑하는 자에게는 아닌것에 형통을 주시지
않습니다. 그것은 결국 짧고, 우리에게 해가 되기 때문입니다.
저는 느꼈습니다. 아닌것에 열심히 하는것보다 큰수고가 없는데
평안한것으로 잘 따라갔을 뿐인데 형통을 그저 주신적이 많습니다.
주님과 생각이 같은 평안한 곳에 형통이 있고 지속과 기적이 있습니다.
그것이 현명하고 지혜로운 우리의 삶이 되기를 기도합니다.

✝

내가 아직 부족해도,
한심해도, 점점 합당해질 것을
믿어주시고 자비와 은혜를 주시는
주님께 의리 지키겠습니다

회복은 주님께 나아갈때만 있으며..
곁길로 잠시 갈지라도 불편한 마음을 주시사..
주님을 의식하며 돌아오는 마음 주심에 감사합니다.
그것이 습관되어 죄를 줄이며 끊어낼 수 있으며..
그러기에 주님없이는 맘편히 살 수 없으며,
주님없이는 영혼과 정신, 육체의 회복이 불가함을
많은 이들이 알고 느끼도록 해주세요 주님.

✝

형통은,
잘못과 실수를
반복이 아닌 믿음으로
합당히 변환할 때 이루어집니다

주님의 자비로 용서받은 잘못과 실수를 반복이 아닌,
믿음으로 합당하게 변환하는 힘이 믿음이며 ..
주님을 의식하는 진실된 자식의 자세입니다.
그때 주님은 우리를 더욱 존귀하고 보배롭게
여기실 것입니다.

허물을 감싸주시는 주님
상대의 허물도 감싸주기

상대를 용서한 것만큼 주님께 용서받음을 알고,
상대의 허물 또한 감싸주고 이해하는 우리되며,
욕심에도 반으로 줄여보는.. 주님을 의식하는
우리가 되도록 노력하며 나아갑시다.

†

우리 자신의 우상들을 떠날 때
주님의 이끄심을 알 수 있습니다

우리 자신안의 습관되어 있는 그릇된 우상들을 끊어내려고 싸우고 몸부림 치는 순종은 복의 근원이 되는 믿음의 순종이자 가장 큰 믿음입니다.

나그네이셨던
예수님을 생각한다면
모든 것이 감사와 만족이어야 합니다

예수님이 누리지 못하신 것들을 ..
우리는 이 시대에 누리고 있는 것들이 너무 많습니다.
예수님을 생각하며 감사와 만족의 삶을 살도록 나아가겠습니다.
지금 힘들고 앞이 보이지 않아도 예수님 생각을 하며
힘내어 슬퍼하며 오히려 감사기도를 드린다면
주님이 존귀히 여기실 것입니다.
힘내세요.

✝

나는 주님께
의리를 지켜야 합니다

그래서 주님보시기에 가끔 부끄러웠어도 엎드리고 일어나야 하고
주님보시기에 온전치 못했어도 힘차게 빨리 엎드리고 돌이켜야 합니다.
그것이 의리이고, 그것이 영혼을 밝게 다시 소생시키고 새 힘을 얻는
주님이 주신 유일한 특권이고 방법이라고 생각합니다.
주님앞에서 마음이 불편하여 어쩔 줄 모르고
엎드리고 다시 시작함은 그 무엇보다 강함입니다.

✝

빠르게 돌아오기
주님품에..

회복이 늦을수록 괴롭습니다..
다시 중심잡기~

✝

주님의 눈치를 보면
우리는 합당해지고 있습니다

주님의 시선을 의식하고, 주님의 눈치를 보며..
그릇된 것들이 부끄러워지며 변화되기 시작한다면
새로운 평안의 경험들이 시작됩니다.

✝

어두운 우리를
밝혀주시고 싶으신 주님

모두를 사랑하시나 아무나 밝혀주시는 분이 단연코 아닙니다.
우리의 의지와.. 우리의 변화를 보십니다.
주님은 부족한 우리모두를 한없이 사랑하시지만..
우리의 의지로 악을 멀리하고 주님이 말씀하신 옳고 그름을 구별하며 주님 보시기에 합당하도록.. 살아계심을 의식할 때 점점 변화될 수 있습니다.
깊은 습관이 변화되는 것은 겸손이며, 나 자신의 관점보다 주님의 관점을 더 의식하고 따를 때 비로소 가능해집니다. 이것이 진정한 신앙인으로 가는길 입니다. 그럴때 주님은 존귀하고 대견하게 여기시사 우리를 밝혀 주시고 형통케 하십니다. 이유는 합당해지는 우리를 통하여 많은 사람에게 영광받으려는 목적이 있으시기 때문입니다.

✝

험악한 세상에서 살 수 있는 용기는
안전케 하시는 주님을 신뢰함에서 옵니다

우리는 무서운 놀이기구를 탈 때..
안전장치를 믿고 의지하여 안전하다고 생각하기에
타고 즐기고 담대히 도전할 수 있습니다.
험악한 이세상을 사는 우리 또한 최고로 안전케 하시는 주님을 믿고
신뢰하기에 우리는 담대히 승리할 수 있습니다.
이세상은 주님을 신뢰하지 않고서는 물질이 풍요하던 부족하던 상관없이
정신의 불안과 두려움을 떨칠 수 없습니다.

Loyalty to the Jesus!

✝

주님이 전부 아시기에...
주관하시고 통치하십니다

뒤돌아보면 전부 깊은 뜻이 있으셨습니다.

그순간은 이해가 되지않아도 돌아보면 큰뜻이 있으셨고 감사였습니다.

인간이 헤아릴 수 없는 분..

사랑하는 우리를 위한 깊고 넓으신 주님의 주관하심과 통치하심을

경외하고 신뢰합시다.

분별해야
형통이 지속됩니다

분별은 우리가 해야 합니다.
그것이 부족하면 주님은
옳은 분별을 하도록 우리를
단련시키시고 힘듦 또한 허락하십니다.
그것 또한 감사로 고백하고, 우리의
합리화가 아닌 비로소 옳은 분별을 하고
돌이킬 때 형통의 지속이 이루어집니다.
우리는 그것을 느끼고 전파해야 합니다.

✝

우리는 서로를 보며
마음 아파할 때
비로소 용서할 수 있습니다

주님이 우리를 애처롭고 불쌍히 여겨주시는
마음으로 우리를 용서하시고 사랑하시듯 우리도 서로를 지배하고 불화를
일으키기보다 서로를 보며 마음 아파해주고 돌봐주고,
이해해줄 때 주님의 사랑이 가족, 사회, 나라에 널리 퍼질 것입니다.

✝

선택

지난 과거는
알고 난 후 깨우치고

다가올 미래는
몰라서 부딪치며 삽니다

모든것은 선택
전능자이신
그분의 눈치를 봤더니
최고의 선택이 되었습니다

이제서야..

✝

이해가 안되어도
순종하면 승리합니다

주님이 앞서서 일하시기에
의심을 버리고 힘든 상황에서도
우리는 말씀에 순종해야 합니다.
그 습관이 쌓여져야 합니다.
상황적으로는 이해할수 없을 때에
우리는 순종하기가 힘들지만
순종해내는 것.. 그 하나하나 쌓임이 지나고 보면 승리이고 곧고 평안한 삶으로 이어집니다. 우리의 목표는 그러한 승리와 평안을 주님의 영광을 위하여 전파하고 나아가는것이 우리의 사명입니다.

✝

주님만
의식하고 의지하는
새로운 시작!

의식하면 변화되고 변화되면 만족되고
만족되면 감사되고 감사되면 은혜되고
은혜를 알면 형통으로 이어집니다.
2025. 우리는 형통할 수 있습니다.

✝

뭐든지 도가 지나치면
주님이 개입하십니다
그것이 세상의 이치입니다

거짓으로 명분삼아 모사하고, 백성들에게 거짓선동을 하고,
자신들의 세상에 위치를 차지하기 위하여 거짓 논란을 키우는 악인들의 횡포는 만왕의 왕이신 주님께는 통하지 않습니다.
자비로운 주님이시지만 적당한 선을 너무 넘고 세상법의 힘으로 횡포를 그치지 않고 계속 나아간다면, 가장 무서우신 주님이 반드시 개입하십니다.
이유는 이 나라는 해외 선교사들의 희생과 복음으로 세워진 주님의 나라이기 때문입니다.

✝

합당하게 변화되어 나아갈 때
일정하고 지속적으로 역사하십니다

나의 부족함을 인정하고, 변화해야 된다는 부분을 인정할 때
비로소 합당하기 시작해지며
주님을 의식하기에 회개가 행동의 변화로 가능해집니다.
그것이 평안으로 가는
주님품에서 사는 삶입니다.

막으심도
평안을 주시려는
도우심이었습니다

그 순간은 착각의 소원이었고
이루어지지 않아 불평했지만,
결국 주님의 무응답이 훗날 내게는
평안이고 자유이며 무탈이었습니다.
돌이킬 수 없는 후회를 빗겨가게 해주셔서 너무나 감사합니다.
응답하시지 않으시는 무응답도 주님의 자비로운 응답입니다.

✝

우리 자신의 왕이 내가 아닌
주님일 때 샬롬이 됩니다

우리 자신을 우리가 왕으로 살아가면
올무에 걸리고 자만심에 빠져 착각하지만,
우리 자신의 주인이신 주님을 의식하며 나아가면
우리는 변화되고 곧고 일정하며
샬롬이 됩니다.

Loyalty to the Jesus!

†

주님이 오셔서 감사합니다
주님이 계셔서 행복합니다

Merry Christmas

주님이 세상에 오셔서 모든것이 은혜이고
모든것이 감사이며 모든것을 이길 수 있습니다.
감사하며 죄송합니다.
부족하지만 의리지키며 나아가겠습니다
예수님 ♡

일용할 양식으로
만족해 보기

감사와 만족.

✝

그분의 시기를 기다립시다

기다림은 곧 완성입니다.
기다리는 동안도 주님은 돌보십니다.
오래가기 위하여
많은것을 느끼고 경험케 하십니다.
우리는 감사와 만족, 평범함과 합당함으로
하루하루 나아가면 단단하고 강해진 우리를 통하여
영광받으실 것입니다.

✝

하루종일
우리를 보시는 주님

주님앞에서 하루동안 얼마나 합당할까..
그리고 얼마나 부끄러울까.. 돌이켜봅니다.

✝

주님께 의리지키는 삶은
그 어떤 삶보다 평안합니다

우리를 위한 예수님의 나그네 삶과 고통의 삶을
마음 아프게 여기며 의리지키며 감사와 은혜를 알며
이 세상에서 만족과 감사로 나아가는 우리의 삶은
그 무엇보다 단단하며 평안해집니다.

주님은
아십니다

우리의 현재 위치, 상황, 입장, 고민.
전부 다 아십니다.
염려를 버리고 주님보시기에 점점 우리만 합당하게만 변화되어
나아간다면 주님이 도우십니다.
우리가 따라간다면..
만드시고, 변화시키시고, 도우시며, 사용하십니다.
그분의 영광을 위하여…

✝

주님이
판단하십니다

1. 앞서 행하지 말고,
2. 쉽게 판단하지도 단정짓지도 말기.
3. 생각대로 안될 때도 주님의 뜻이라고 감사하기.
4. 오직 주님이 전부 아신다는 믿음으로 자신만 점검하고 합당하도록 노력하며 나아가기.

원하신 것에 대한
순종은 안전하며 형통합니다

세상적 기준에는 쉽지 않은 순종을
우리를 사랑하시고 우리를 아끼시는 주님이 말씀하시면
우리는 단순 명확하게 순종해야 합니다.
많은 생각을 하면 우리의 세상 계산의 합리화가 되어 순종할 수 없습니다.
세상 천만대군이 반대하고 적대해도 주님의 뜻이면 주님한분께 순종함이
우리에게 훗날 감사할 간증으로 이어집니다.

†

주님을 의식하면
헐뜯는 정책을 낼 수 없습니다

사랑과 배려 이해로 나라를 이끌어가야 하는 세상에 권력자들이 서로 헐뜯고, 거짓으로 포장하고, 자신들의 부족함은 인지못하고 상대의 약점을 명분잡아 넘어뜨리기 바쁘고, 힘과 권력을 위해 포장하여 힘없는 백성들을 속이지만, 기억할것은.. 주님만은 속지 않으시고 전부 지켜보시며 공의로 다스리십니다. 주님을 의식하지 않고 교만과 교활한 방법으로 많은 백성을 속인다면, 주님은 주님의 때에 반드시 심판하시며, 그들은 패망할 것입니다. 우리는 오직 주님을 의식하며 예수님과 같이 이해해주고 사랑해주며 구제해주고 도와주는 자세로 서로를 섬기며 허물을 감싸주는 삶을 살 때 그것이 주님을 진실로 의식함이고, 주님보시기에 합당하며, 이세상에서도 형통한 자들의 행동일 것임을 잊지 말아야 합니다.

자만심에 빠지면,
주님의 경고를 느낄 수 없습니다

자만심 때문에 돌이키기에 늦은 적이 많습니다.
아주 큰 수렁에 빠지는 것도 우리의 초점이 주님을 의식함이 아닌
자만심과 합리화의 우리의 선택입니다.
항상 깨어서 주님앞에서 자신을 다루는 자세로 무장하여
깊은 수렁에 빠지지 않는 지혜롭고 명철한 우리가 됩시다.

✝

탄력받지 않고,
선을 지키는 중심을 주세요
주님~

우리는 연약해서..
한 순간에 무너지기가 참 쉽습니다.
모든것이 헛되니
지혜롭고 명철하게 수고하되..
감사와 만족으로 나아가야 합니다.

모든 것을 아시기에
주님만이 조정하시고 바꾸십니다

1분 후의 일도, 내일, 1달 후의 일도 오직 주님만이 정확히 아십니다.
그래서 그분만이 변화시키시고 조정하십니다. 우리는 그 사실을 알면서도
우리의 힘으로 세상을 바꾸려하고 불평하며 계속 변화시키려 합니다.
그것은 인간의 교만이고 무모한 수고입니다.
그래봤자.. 모든것은 주님이 주관하십니다.
우리는 주님이 허락하신 맡은일에 최선을 다하면 됩니다.
주님을 인정하는 자는 담담히 그의 나라와 그의 의를 "주님께서 주관해
주세요." 라고 구하면 됩니다. 우리는 정답을 모릅니다.
세상만물을 정치하시는 주님을 믿으며 놀라지도 말고 불안하지도 않는
믿음이 중요합니다. 세상의 판단과 주님의 판단은 틀리기 때문입니다.

✝

여호와께..
의리를 지키려는 삶은
곧고, 평탄합니다

세상은 힘이 없어지면 떠납니다.
사랑중에서 제일은 의리일 것입니다.
그것이 주님께든 부모에게든 은인에게든...
의리는 상대가 보이지 않아도 힘이 없어져도
받은 은혜와 그 의리를 지키고 나아가면
사회에서나 주님으로부터 존귀함을 받습니다.

✝

주님과 동행없이는
높은 권력과 높은 명예도
결국, 불행이고 헛됨입니다

주님께 먼저 구하며, 주님이 앞장서시기를 원하고,
인간과 우상을 따르지 않고..
오직 주님만 소망하고 나아가려는 자는
그 길이 곧고 평탄하며, 무엇을 하던지 세상것에
지지 않으며, 결정하고 집행하는 것마다 형통할 것입니다.

매사에 감사로
웃고, 즐거워 하는 자는
하는 것마다 평탄할 것입니다

예수님이 나그네로 세상에서 고생하신 것을 생각하고 의리를 지킨다면..
우리는 모든것에 감사와 즐거움, 기쁨, 기회로 여기며 나아가도록
점점 실행하고 변화해야 합니다.
그러면
인생의 관점이 달라지며, 모든것이 불평보다는
행복하고 만족하는 평탄의 삶이 주어질 것입니다.

크고자 하거든
아버지를 섬기세요

먼저,
주님을 섬기고 의리를 지키고
부모를 섬기고 의리를 지키기.

✝

용서할 수 있는 힘은
주님의 사랑으로 가능합니다

주님이 우리를 용서하시기에
힘들지만 우리도 누군가를 용서해야 합니다.
주님이 우리에게 희망을 주시기에
우리도 누군가에게 희망을 줘야 합니다.
힘들지만 그것이 존귀함을 받을 것입니다.

✝

불합리한 것들을 비울 때..
합리적인 기적들이 채워집니다

올바른 return은 많은 시간을 아끼며,
좋은 결과를 초래합니다.
잘못된 길은 .. 길면 길게 갈수록
돌아오기가 힘들고 지나면 후회로 가득합니다.

더욱이 안타까운 것은 작은 욕망을 쫓아
잘못된 길인 것을 알면서 계속 가는 것입니다.
그길은 평생 돌아오지 못할 수도 있습니다.

주님은 원하십니다. 많은 불합리한 집착을
비우고, 오직 소망을 주님께 두고
다시 return 하기를…

Loyalty to the Jesus!

✝

지켜보심을,
의식하며 행동하는 자는,
형통하며 있을 것입니다

주님의 시선을 진실로 의식하며,
주님 시선에 합당히 변화되는 자들이,
주님 시선에 합당히 구한 기도가,
빠른 응답을 체험할 것이고,
형통을 누리고 있을 것입니다.

✝

완전한 존재만이
불안한 존재들에게
평안을 줄 수 있습니다

완전하신 분. 오직 주님.

✝

변할 수 없다고 말하는
세상인들은 큰 착각을 합니다

우리는 주님을 의식하고 사모하면
그분의 존재 앞에서 점점 변할 수 있습니다.
주님을 의식하지 않는 자들이야말로 교만하기에 정작 변할 수 없습니다!
남에게 변하고 고칠 수 없다고 하는 자들은 교만이며..
정작 그들이 변해야 하는 자들인지 모르며 착각을 하며 사는 것입니다.

우리만의 계획은 연약합니다

너무 연약합니다. 우리만의 계획과 결정은..
우리는 기도하면서도 우리가 결국 계획하고 결정합니다..
훈련이 필요합니다.. 선장이 작은 이익을 쫓다가 파도에 모든것이 무너지는것이 우리의 인생이고, 손해를 쫓았지만 주님보시기에 합당하고 좋은 결정이겠지.. 생각하고 실행한 것이 더 큰 기회와 형통으로 온 것이 많습니다. 중요한건 예수님처럼.. 이익보다 섬김과 사랑으로 도와주고 배려하며, 결정하고, 주님 의식하며 내자신이 합당히 나아가려는 몸부림의 훈련입니다. 그것이 나에게 항상 힘들지만.. 하나씩 해보는 믿음의 선택을 우리는 해야 우리는 더욱 평안으로 채워지며 주님의 의로운 손길로 우리를 인도하실 것입니다.

✝

든든합니다
아버지가 전부 지켜보시니까

모든걸 지켜보시니까 ..
죄인인 우리 자신도 점점 변화될 수 밖에 없고,
모든것을 아시기에 손해와, 진실,
우리의 현재 상황, 입장, 위치를 가장 잘 아시고
다가올 환난도 아시기에 어떤것도 두렵지 않습니다.
오직 우리의 자신을 점점 합당하게 변화시키며,
오직 주님만 의지하고 신뢰합니다.

✝

언제, 어디서나,
아버지만 의식하면 됩니다

주님을 의식하며 우리의 삶을
살아가는 것이 모든것의 지름길이며
어찌보면 가장 큰 숙제이자
그것이 전부일 것입니다.

✝

주님 보시기에 부끄럼없이 살도록 노력합시다

주님보시기에 과거에 부끄러웠어도. 주님 살아계심을 의식하고 감사하며 변화되고 나아가려고 엎드리면 우리는 더욱 성숙해지고 주님이 존귀하게 여기시며 우리는 더욱 주님께 편히 의지하고 기댈 수 있습니다. 반대로 우리는 주님앞에서 부끄럽게 한가득 살면서 회개에만 의존하고 변화되지도 줄어지지도 않고, 주님의 살아계심을 거짓으로 의식하며 우리의 합리화에 도취되어 주님을 접하고 있다면, 반드시 다시 되돌아보고 나아가야됩니다. 우리가 주님앞에서 부끄러운데 뻔뻔히 구하면서 응답치 않으시는 주님을 원망하고 시험에 든다면, 그것은 거짓의식으로 주님을 섬기는 자세입니다. 이런자는 사회에서도 사람에게도 뻔뻔하며 의리가 없고 자신의 합리화에 도취되어 양심없이 살아가는 자들일 것이 분명할 것입니다.

✝

무엇을 부족하게 시작해도,
아버지의 뜻과 같으면
끝은 감사함으로 넘쳐남을 압니다

가장 중요한건 주님이 보시기에 합당할까..
생각하고 결정하는 명철함이 중요합니다.
우리가 주님께 초점 맞추기를 선순위로 생각한다면..
주님은 반드시 명철을 주시고.
같은 뜻으로 인도하여 주십니다.

✝

완벽을 쫓지 말고,
완벽한 분을 섬기세요

완벽할 수 없는 우리.
정답을 찾지만 부딪치고 실망하는 우리.
완벽과 정답은 창조주 주님께 속한것이니
과연 우리는 어떻게 나아가야 똑똑할까...!!??

✝

오늘부터,
내가 아닌 주님이 하셨다고
고백하기

막으심도 주님이었고
주신것도 주님이었고
광야를 주시사 강하게 하심도,
광야에서 결국 빼내주심도 주님이었고
우리가 모르지만 매순간 보호하시고
돌보시고 이루어지는 모든 것이
주님이 하셨음을 고백합니다.

무기력해지며 무의미한
"염려"를 빨리 접고
"믿고 기대"하세요

손해보는 것을 가장 싫어하는 우리가
가장 손해보는 염려를 달고 삽니다.
주님을 의식하면 염려 대신 기대를 합니다.
염려가 많은건 아직 그분의 존재를
의심하는 것과 같습니다.

✝

우리가 변해야 합니다
주님은 변치 않으십니다

우리 자신이 잘 압니다.
합당하지 않는 우리의 부분을..
그것을 엎드리고 우리가 변해야 합니다.
그것이 믿음이고 신앙이며
주님을 의식하는 의리자의 실행입니다.

Loyalty to the Jesus!

†

주님의 뜻이 무엇일까..
고민하고 결정하면 고수

우리의 치우친 합리화와 이기적인 마음의
결정보다 주님의 관점에서는 어떻게 보실까..
라고 생각하며 합당하도록 결정하려고 나아간다면
반드시 가장 좋은 방법과 기회를
허락해주실 것을 믿습니다.

✝

무의미한
내 생각보다 주님이
앞서고 계십니다

불필요한 염려, 걱정, 자책, 알 수 없는 미래에 대한
무의미하고 과한 걱정과 고민은 우리 자신을 해칩니다.
앞서가시며 자비로우신 주님을 의지하고
긍정의 생각을 하고, 우리 머릿속을 지배하는 고정관념을 내려놓고
조금 생각을 바꾸면
더욱 힘차고 즐겁게 나아갈 수 있습니다.

†

넘어져도 의식하며 빨리 엎드리면 됩니다

가끔은 넘어지고 죄에 쓰러지는 우리지만,
빨리 엎드리고, 영혼을 다시 다스리고
더욱 죄를 끊어내는 습관을 들이면 우리는
회복되고 승리할 수 있습니다.

감사와 만족

시기와 질투, 비교를 버리고 ~ 현재에 감사.
욕심과 탐심, 큰 요행을 버리고 ~ 현재에 만족.
주님은 우리가 눈앞에 충동과 악의 뿌리를 버리고
감사와 만족하려는 자에게 긍휼을 베푸심을 잊지 맙시다.

✝

매순간,

처음에 여쭤봅시다

주님께...

우리 삶에 모든 어려움과 결정함에 있어서
여호와께 우선 순위를 두어..
여호와께 처음에 여쭙고 또 여쭈으면..
막막한 물이 없는 광야에서도 믿고
웅덩이를 팔 때..물이 부족해도
주님은 채우셨습니다.

✝

알면 알수록 부족한 우리가..
주님께 엎드리며 변화되는 것은
가장 큰 겸손이고 가장 위대한 것입니다

우리가 아는것보다 부족하고 죄성이 많은 우리 자신이지만,
예수님의 십자가의 사랑으로
우리는 주님과의 관계가 유지될 수 있습니다.
그것이 가장 큰 감사이며 가장 큰 은혜입니다.
그래서 우리가 부족함을 알고, 인정하며,
엎드리어 변화되어 가고, 주님께 고백하며
참회하며 평안을 찾는 믿음과 신앙은 겸손이며 가장 큰 특권이자,
가장 위대한 것입니다.

일용할 양식으로
하루를 만족하게 해주세요
주님...

만족과 감사,
절제와 의지를 습관화하여
죄에 빠지지 않게.. 돌아가지 않게..
붙들어 주세요. 주님.

✝

오직, 나를 가꾸시는 분
주님...

우리를 가장 잘아시고..

당신의 때에.. 끝까지 믿고 따르려 노력한

우리를 밝혀주시는 분.

광야에서의 삶까지도 먹이시고, 보살피시고,

훗날 크게 쓰실 우리를 위하여 광야를 허락하시사

세밀하게 우리를 깎고.. 다듬으시는 분.

우리는 힘들어도 우리를 가꾸시고 우리를 만드시고 우리를 통해

영광받으실.. 오직

주님을 따라갑시다. 승리합시다 ~♡

Loyalty to the Jesus!

†

피폐하고 지친 영혼과 육체를
다시 회복시키는 힘은

힘내어 주님을 다시 찾을 때에
소생시키시며 회복됩니다

영혼의 피폐함은 익숙해지면 무던해지며 아주 무서운 것입니다.
모든것을 자책하게 하고 잃게만들며 세상의 중독에서 헤어나오지 못합니다.
우리에게는 특권이 있습니다. 다시 힘내어 맑은 영혼으로 푸른초장으로
밝은기운으로 이끌어내시는 기다리시는 주님께 힘내어 돌아가는 해결책이
있다는 것입니다. 지금 혹시 영혼과 삶이 피폐함에 있다면 우리모두 많은
생각을 하지않고 맑은 성전과 맑은 찬송의 들음이 있는 장소로 돌아갑시다.
반드시 회복됩니다. 세상의 모든 좋은것은 잠시이고 잠시가 지나면
우울함과 공허함 피폐한 영혼이 자리잡습니다. 그때그때 그것을 다스리며
다시 소생키시는 힘과 승리는 주님께 다시 나아가는 결단에서 나옵니다.
모두들 승리합시다.

✝

현상황에 만족할 때
다음 단계로 이끄셨습니다

현상황이 힘들어도 믿음으로 만족해 보는 습관.
그것이 강함이고. 그것이 결국 믿음의 결과로
단단해지며, 형통해지는 단계입니다. ♡♡♡♡

감당치 못할 염려가 현실로
오지않고, 심장이 놀랄만한 상황을
막아주시는 자비의 아버지

살면서..
대부분 우리의 염려와 큰 고민이 거의 대부분 현실로 오지 않습니다.
주님의 자비하심과 선하심입니다.
허나 우리가 악의길로 들었거나 돌이키지 못하는 깊은 착각과 수렁에
빠졌을 때에는 사랑하는 우리를 위하여 채찍을 드시고 잠시 힘들고 고통을
주시어 돌이키게 하십니다.
그러나 우리가 주님보시기에 합당한 삶을 살려고 노력하고 나아가면..
주님은 더욱 자비로, 존귀로 우리를 대하시며 안좋은 놀랄 상황을
주시지않고 테스트 하지도 않으시며..
피해가고 옳은 길로 인도하여 주십니다.

✝

보시고, 들으시고, 응답하시는
신은 오직 하나님 한분

지금도 이스라엘을 버리지 않으시고
보시고, 들으시고, 승리하게 응답하시고 계시는 주님.
그런 주님만이 모든것을 주님의 때에 승리케하시고,
주님의 뜻을 이루십니다. 우리의 삶도 주님을 의식하며
온전히 믿는 우리에게는…
주님이 형통케 하시고 개입하십니다.

매순간
주님을 의식해야
놀라움을 경험합니다

주님을 매순간 의식하고 의지하는 것이..
진실로 주님을 사모하고 경외하는 자에겐 어려운 것이 아니며,
우리를 내려놓고 주님을 믿는 정도와 습관이
결국 놀라운 것들을 경험하며,
이세상에서도 다른 차원의 평안의 삶을 누릴 수 있습니다.
그것을 바로 실행으로 옮기려는 결단의 변화와 습관을 시행하는 자는
모든 삶을 바꿀 수 있습니다.

주님이 가장 쎄다

우리의 염려와 고민, 위치와 상황,
앞으로 다가올 장애물..
이 모든것을 아시며
주님을 언제나 의식하고, 신뢰하고
믿는자에게는 속속들이 개입하시고,
움직이시는 가장 쎄신 우리 주님.
그런 주님만을 의지하는 것이 복입니다.

인생 스토리의
주도권은 주님께 있습니다

주님은 우리가 태어나기 전부터 야곱과 에서처럼
우리의 스토리를 아십니다.
연약한 우리의 판단보다는 주님의 인도하심과 주권에
삶을 그냥 믿고 맡겨드려 봅시다.
선하시고 사랑이신 주님이 믿는자에게 역사하십니다.

막으심과 지체하심은 사랑이며
훗날에 평안입니다

많이 가질수록 머리아프고, 복잡하고 탈이 많은 잠시의 큰 성공보다 자유와 평안이 진리임을 경험케 하시사 때로는 내려놓으며 감사와 만족을 더욱 추구하게 하셨고, 불안속에서 취득하는 이익을 막으시고 지체하심으로 후회하지 않게 도우셨고, 옳은 생각을 할 수 있게 시간을 지체해 주시사.. 깊은 수렁에 빠지지 않았고.. 적당함과 만족함이 우리에게 더욱 유익이며, 처음과 끝, 부와 가난, 세상의 모든것은 영원한게 없고 주님께 속한 것이므로 현재의 삶에 만족하며 감사로 나아갈 때 모든걸 아시는 주님이 그때그때 공급하시는 것을 누림이 우리에게는 축복이고 평안입니다.

✝

detail하게 믿는자에게...
detail하게 보여주시는 주님

선하고 자비로우신 주님을
순간순간 더욱 detail하게 신뢰할수록
주님은 나를 더욱 존귀하게 여기시고
대견하게 생각하여 주셨습니다.

✝

후회없고 배신없는
사랑과 의리는
오직 주님과 우리의
관계에서만 존재합니다

세상속의 인간관계와 만남은
실망이 크고 결별이 있고,
다툼과 싸움, 서운함, 시기, 질투 그리고 변하지만
주님과 우리의 믿음과 사랑은
불변하고 영원합니다.

Loyalty to the Jesus!

✝

계획대로 안됐을 때
감사해 봅시다

계획이 무산됐을 때에
오히려 받아들이는 감사함이 강함입니다.

✝

하루를 살아도
평안으로 사는 것이
은혜입니다

무조건의 사랑은
평안과 기적이 채워지는
놀라운 방법입니다

세상은 거의 대부분 조건의 삶 입니다.
만남도, 일도 .. 세상기준의 조건이 기준이 됩니다.
복이 있는 자는 세상기준과 다르게 거꾸로 살려고 나아갑니다.
비현실적이고 힘들지만 그것이 진정한 사랑입니다.
그리고 그것이 결국 형통이고 평안입니다.
마음의 평안에서 좋은 기운과 형통이 옵니다.
그것으로 더욱 세상은 밝아집니다.
세상의 조건이 실패와 결별 그리고
끝은 패망으로 가는 지름길임을 명심합니다.

Loyalty to the Jesus!

✝

영혼의 맑은 양식과
육체의 좋은 양식을

공급하시는 아버지

예수님..
아버지께서 세상에 계실때보다 우리는 더욱 더 좋은 음식을 먹으며,
더욱 좋은 세상을 살게 하여주셔서 감사하며 또한 죄송합니다.
그런 주님앞에서 요구만하며 주님께 바라기만 하는 의리없고 세상적인
교활함으로 나아가지 않고, 감사함을 알고 의리지키며 욕심을 버리고
우리의 모든 상황을 아시는 아버지를 신뢰하며 모든것에 감사와 만족으로
나아가려고 살아가는 저희가 되도록 건강한 믿음과 신앙을 가질 수 있는
합당한 우리가 되게 명철을 주세요. ♡♡

✝

개인의 육체와 욕망을 쫓으면
불안한 자유로 살아가지만,

섬김과 사랑으로 노력해가면
기쁨의 자유를 누릴 수 있습니다

주님이 주신 진정한 자유는
개인의 육체의 욕망을 쫓음에서 오는게 아니고,
사랑으로 주님안에서 주변을 섬기려 몸부림칠 때,
걸릴 것이 없는 평안의 자유가 온다.

✝

주님이 이해해주시고,
지켜주시니까.. 많은 생각 버리고,
다시 주님께 나아가서 힘냅시다~

무너지고 또 넘어져도,
깊어지고 멀어지면 안되요.
다시 돌아가는 힘,
그것을 통제하고 다시 엎드리는 힘이
우리를 다시 이겨내게 하고 승리케 합니다.
연약하지만 다시 몸부림치며 주님품으로
긍정으로 나아갑시다.

✝

고난과 슬픔 때문에
주님을 찾았는데,
그것이 축복이 되었습니다

인생의 축복이 진짜로..
모든것을 주관하시고 움직이시는
주님으로부터 있었습니다.
주님을 신실하고 진실되게 찾고 인정하면 진짜로..
우리의 앞길에서 고통과 슬픔으로 강함을 주시되
감사와 만족을 터득케 하시어
결국 평안과 축복의 삶으로 인도하심을 느낄 것입니다.

Loyalty to the Jesus!

눈물로 시작되어
웃음과 기쁨으로 바뀌는
주님의 방법과 은혜

비록, 환난과 고난중에 막막하여
눈물과 불평으로 가득했지만,
그러므로 나의 연약함을 알게 환난을 허락하신 주님.
우리가 돌아오게 만드시는 주님의 방법이 결국.. 은혜 입니다.
고난의 때에 주님께 시선을 돌리고,
주님을 하루빨리 신뢰하시고,
나아갑시다.

✝

주님을 믿고
주님을 의지함은
강하고 강함입니다

주님을 모르고 사는것은
고독하고 외롭고 감사와 만족이 없으며,
나의 판단을 의지하고 산다는것은
가장 불행한 일이다.

Loyalty to the Jesus!

✝

회복하기 위한 엎드림은..

영혼의 평안과, 맑은 기운을
우리가 알기 때문입니다

마음의 평안과 영혼의 맑음이 무너지면
우리는 힘내어 나아갈 수 없는 존재임을 알기에
일찍 회복하는 것이 평안이고,
축복입니다.

✝

주님, 이번 한주도
세상의 유혹과 죄악 가운데서
주님을 의식하며 승리로 전진하여서,

주님의 베푸심과
은혜를 마음 편하게 느끼는
성숙한 형통의 자녀들이 되게
인도하여 주세요

우리는 매일 유혹과 죄에 무너지면서..
주님의 도우심과 형통케 하심만 바라는것은 모순입니다.
우리가 그 유혹과 죄성을 느끼고, 줄이고, 점차 변화한다면
우리는 주님앞에서 떳떳한 자녀로서..
주님의 인도하심을 마음편히 누리는
백성이 될 것입니다.

✝

주님이 세밀하게 언제나..
지켜보고 계신다는 것을 아는 것
그것이 믿음입니다

그 믿음은. 부족한 나를 절제하게 하고,
부끄러워 돌이키게 하고, 낮추게 하고,
담대하게 하고, 강하게 합니다.

✝

주님

단 1초 후의 일도 모르는
연약한 저희임을 인정하오니,
주님께서 인정하는 우리를 이끌어 주세요

아멘

주님께서.. 내가 연약함을 인정하고,
그릇된 삶을 내려놓으려고 엎드려 몸부림치며
삶에 깊이 자리잡힌 그릇된 것들이 조금씩 변화되고..
그로 인해 점점 떳떳하여지면서,
나를 괴롭게 했던 정죄와 불안, 염려에서 점차 벗어나게 되었고..
여전히 부족하지만 내가 주님앞에 조금씩 합당해짐을 느낄 때..
구하지 않아도 모든것을 아시는 주님의 인도하심을
믿음으로 믿고 나아가니..
평안과 감사할 상황들로 인도하심을 경험케하여 주셨습니다.

✝

이세상 우리의 삶이
주님이 세상에 계실때의 삶보다
많은 것을 누리고 있는데..

그저, 구하고 바라기만 한다면..
그것은 참 슬픈것이 아닌가 싶습니다

우리도 우리의 상처와 고난을 알아주고
눈물흘려주는 사람에게 더욱 감사하고 잘할 수 밖에 없습니다.
주님 또한, 본인의 입으로 알아달라고 말씀은 못하시지만,
우리를 위해 나그네의 삶, 누리지 못하신 삶, 고통의 삶을 사신것을
알아주고 마음 아파하여 주는 자를
더욱 귀하게 여기어 주실거란 생각을 해봅니다.

흙수저, 금수저는
세상의 단어이고 세상의 기준입니다

태어난 배경과 신분, 살아가는 환경, 그리고 세상의 처음과 끝, 그리고 모든 순서는 주님이 마음 먹으심에 따라 변화되고, 다루시며, 바꾸실 수 있기에 우리는 세상기준과 판단에 기죽고, 자책할 필요도, 거만할 이유도 없습니다. 우리는 모든것을 움직이시는 유일한 모든것의 창조주이신 주님을 믿을 수 있고 소망과 희망을 가질 수 있는 복된 특권의 백성들이기에 우리모두는 복수저 입니다.^^~

헤아릴 수 없는 주님의 때에
생각지도 못한 자를 들어쓰시는 주님

예후를 왕으로 세우신 주님..
우리의 생각으로 미래를 장담할 수 없습니다.
주님의 때에 적절하게 쓰시는 주님을 신뢰하며,
현재의 상황에서도 낙심치말고 우리는 오직 주님을 신뢰하며..
주님이 싫어하시는 죄를 끊어내려고 살아가며.. 노력하면..
주님께서 오래토록 우리를 귀한 도구로 사용하여
그분의 뜻을 이루실 것임을 믿습니다.

✝

풍파없는 사람없고
손가락질 받지 않는 사람없고
실수하고 넘어지지 않는 사람 없어요
들어쓰시는 그분을 믿고 때를 지켜보세요

자책과 정죄는 자신을 더욱 무너뜨립니다.
우리는 다시 소망과 희망을 가질 수 있고,
주님께 엎드리면 언제든지 받아주시고.
지금 당장 새 삶을 살 수 있는 특권이 있어요.
그 특권을 반신반의로 아직 느낀다면
우리는 주님의 사랑과 기적을 느끼지 못하고
세상속에서 우리 자신의 우상에 빠져
마음의 불안과 만족없는 삶을 살게 됩니다.

Loyalty to the Jesus!

불안하고 힘들어서
잠깐 좋은 도피와 죄로 더욱 큰
풍파를 맞이하면 안돼요

꼭 돌아와야 회복됩니다..

현실의 도피가 때로는 필요할 수 있지만,
그 도피와 잠깐 좋은 죄의 합리화에서 빨리 벗어나서
주님품으로 돌아오는 담대함과 용기는 많은것에서 건져지며 회복되며..
진정한 평안의 형통이 될 것입니다.
돌아오는 뻔뻔함과 담대함을 주님은 기뻐하십니다.
주님의 때를 기리며 광야에서도 먹이시는 우리의 현실을
긍정, 극복하여 나가는 힘은
신앙인의 가장 큰 힘입니다.

✝

지금 때가 아닌것이
응답이시고 오히려 감사입니다

돌이켜보면..
그때 허락하셨으면 돌이킬 수 없는
영원한 후회였답니다 주님.
감사합니다.

†

지금 능치 못할 수 있지만,
믿음이 있다면..
그건 과정이고 잠시일 뿐 입니다

나 자신을 따르면 능치 못합니다.
주님이 보신다고 의식하며
구별할 때 능할 수 있고
옳은길로 이끄십니다.

✝

혹시..
억울하게 손해만 봐도 침착하세요
일방적인 지출만 되도 속상해마요

주님이 세밀하게 다 세셨고,
옳고 그름의 기준을 측량하셨었고,
생각치 못한것으로 더욱 더 주시더라구요

그것을 믿는자에게는요..

주님은 누가 더 옳은지, 어디가 공이 큰지..
세상 그 누구보다 세세하게 잘 아시고..
이웃에게 진심으로 배려하고 사랑하는 백성의 편을 드십니다.
주님이 다 보시고, 공정으로 판단하시며..
위안을 주시고 위로해 주시기에..
너무 앞만보고 염려하지 마세요.

주님이 우리의 상황을
아신다는 진실을 믿기만 하면 됩니다

다 알고 계시는데..
주님의 은혜로 지금껏 살고 있는데..
아직 전적으로 믿지 못하고
주님을 외면하는 시간이 많으면..
작은것 하나하나 우리는 그분의 역사를
체험하지 못할 것입니다..

✝

우리 자아의 욕심,
우리의 욕망대로 사는 것이
우리 삶에 최대의 우상숭배입니다

✝

주님 앞에서
늘 흔들리며 나약한
우리를 불쌍히 여겨주시고,

주님 앞에서
확고한 믿음과 변화될 수 있는
의리의 백성이 되게 도와주세요.
아멘

✝

살아계심을 온전히 믿는 자에게 온전히 만드시는 주님

온전히 세밀하게 우리안에 개입하심을 믿는자에게
주님은 온전하고 세밀하게 보여주십니다.

✝

주님을 경외한다면..
매순간 주님을 의식합니다
의식하면 옳고 그름이 보입니다

매일 주님을 의식하며 주님께만 눈치보는 우리가 되면
주님께서 모든것을 인도하십니다.
진실로 의식함은 강함이고 형통입니다.

✝

주님품에 거할때는

인간을 통해 일하시고
의인을 붙여 주시고
만남의 축복을 주십니다

세상품에 속할때는

인간을 통해 무너지고
악인을 의지하다 배신당하고
만남의 실패가 나타납니다

†

아무때나 담대하면 안돼요
아무때나 강하면 안돼요

주님품에서 삶을 살아갈 때
강하고 담대해야 돼요

✝

이래나 저래나 감사
이래나 저래나 만족

현재의 감사와 만족의 훈련이
결국, 평안이 되고 형통이 됩니다.

✝

앞을 몰라 많은 생각들로 두렵고
예민함을 접하는 우리지만,

선하게 이끄시고 염려를
피해가게 하실 주님만 기대합니다

주님만 용서하시고 주님만 이해해주시고
주님만 선하게 이끄시는 분임을 고백합니다.
우리는 그런주님 앞에서 선하고 올바르도록
계속 변화하며 발전하며 나아가도록 노력하면,
귀하게 여기시고 선하게 이끄실 것입니다.

✝

가끔 매를 드셨고
고난을 주셨던 것은

나를 사랑하심 이었고
나의 변화를 원하심 이었다

지금 생각해보면 나를 사랑하시고 내가 바뀔 수 있는 가능성이 있는 것을 아셨기에 매를 드셨고 고난을 통하여 나의 잘못과 집착이 그릇된 것이었고 아무것도 아니었던 것을 느끼게 하심이었다.
주님 감사합니다.

✝

우리는 세상에 태어났기에..
주님을 믿고, 천국에 갈 수 있습니다
그 자체만 하여도 가장 큰 축복입니다

그러기에 세상에 태어나게 허락해주신
첫번째. 주님과 두번째. 부모님께 감사해야 하며
이 세상에서의 모든 일들이 전부가 아니므로
욕심과 탐욕을 많이 내려놓고 주어진것과
작은것에도 감사와 만족으로 나아갈 때
더욱 형통을 맞이할 것입니다

✝

먼저 주님과 상의하고,
주님이 기쁘실 결정을 합니다

순간 세상에 많고 많은 유혹과 그릇된 욕심이 오지만,
그순간.. 결정의 순간.. 잠시 좋고 후에 탈이 있는 불안의 결정이 아닌,
잠시 냉정히 판단하며 주님이 지켜보심을 의식하며
주님이 기쁘실 결정을 하도록 계속 훈련하면 습관이 되어
후에 탈이 없고 평안의 결정이 될 것입니다.

✝

우리 모두는 지금껏 잘하여 왔기에

오늘도 힘내어 살아갈 수 있고
성숙하고 있으며

결국은, 주님이 바라시는 길로
나아갈 것을 믿습니다

잘하여왔고 잘하고있고
혹시 잠시 아닌길을 가도 다시 변화하고 돌이키는 힘이
우리에겐 있습니다.

✝

힘들지만
절제는 할수록 평안이 되고

쉽지만
욕심은 낼수록 후회가 됩니다

욕심을 다스리고, 절제의 선택이 습관이 될 때
올무에 걸리지 않으며 삶의 평안으로 유지됩니다.
평안의 선택과 후회의 선택은
주님안에서 옳고그름을 구별하여
우리가 해야될 훈련이고 결정입니다.

✝

결국, 돌이키고 만족하는 것은
광야와 허무함을 겪어보았기 때문입니다

광야와 역경이 훗날 감사와 만족이 됐고
무너지고 내 뜻대로 안되는 허무함이
나의 자긍심을 버리게 됐고,
주님뜻을 먼저 구하고 의지하게 변화되고 있습니다.

†

형통할수록..
주님께 더 가까이

주시는것도 거두시는것도 주님이시니..
형통할수록 주님께 받은 은혜를 나눠봅니다.

✝

주님과 어긋난 관계는 위험해요
주인이 되시는 주님이 흡족하시게
나아갑시다

자아의 자긍심에 빠지는 자기우상숭배를 내려놓고
주님을 기쁘시게 하는 주님을 진실로 의식하고
주님만 의지하는 우리되게 기도합시다.

✝

죄가 반복되어
습관이 되면 회복하기 힘듭니다

죄를 짓기 쉬운 자들과 어울리지 말며
죄를 짓기 쉬운 장소에 머무르지 말며
그것들이 현실속에 자리잡고 있다면
하루속히 반대로 행하고 선하고 밝은 자들과
장소로 시선과 걸음을 돌려야 합니다.

✝

나의 위치는
주님이 만들어 주십니다

환경과 사람의 마음을 움직이시는 유일한 주님.
그분이 나의 입장 나의 위치 나의 상황 아시기에
우리가 주님을 의식하며 합당하려고 노력한다면
주님은 우리를 귀하게 만드실 것임을 믿습니다.

✝

주님이 원하시지 않는 문화는
단호히 외면하며 나아가는 자세

세상은 그릇된 문화와 아주 잠시의 즐거움을 유도하는
방탕함과 쾌락들이 난무합니다.
우리는 주님께서 기뻐하시지 않는 그릇된것에 습관을 들이지말며
그런것에 착각과 합리화에 빠지지 않도록 수시로 점검하며
훈련해야 합니다

✝

우리의 가치관이 하나님의 원하심과
부합되기를 훈련하며 기도합니다

우리의 의견 습관 고집이
주님의 원하심과 합당한지 되돌아보고
나아가기를 기도합니다.

✝

형통은 주님이 주시지만
받는 우리의 합당함이 좌우합니다

주님보시기에 합당하게 감사와 만족으로 우리를 다스리며
연약한 자신을 인정하고 옳고 그름을 구하며
분별하며 나아갑니다.

✝

변수도 많고 사고도 많은
예측 불가능한 이세상
주님품에서 평안이 아니라면
세상삶이 지옥이네

주님 뒤에서 동행하는 인생은..

어떠한 변수에도
어떠한 징조에도
어떠한 당황에도

주님의 뜻이 있으심을
생각하며 감사하네
나의 삶

연약한 우리이기에 우리보다 주님을 앞으로 경외하고 따라가고 의지하는 훈련을 하며 항상 가볍게 만족, 감사로 나아가도록 노력합시다.

만족과 감사

만족 감사=평안 형통

✝

되면 되는 것으로

안되면 안되는 것으로

받아들이는 믿음

주님의 깊이와 우리의 생각과 판단의 깊이는
비교할 수 없기에 유연하게 받아들이는 자세.
유연해야 따라가고 잘 끌려갈 수 있습니다.

✝

빨리 엎드리고

빨리 변화되면

빨리 평안오며

빨리 형통합니다

쉽지 않을수록 빨리빨리 ~

✝

주님이 지켜보시는데
변하지 않을 수 없습니다

주님이 다 보시기에..
우리는 점점 옳은길, 비굴하지 않은길, 부끄럽지 않은 선택을
할 수 밖에 없도록 변하게 됩니다.
이점이 우리가 주님앞에서
진실된 성숙한 믿음으로 자라고 있는 증거입니다.

†

아닌것을 뿌리지며
담대히 돌이킬수록
평안은 깊어집니다

주님이 인도하시고 역사하실 수 있도록
우리는 분별하고 옳고 그름을 잘 선택해야 합니다.
주님도 때로는 우리가 아닌길에 집착하며 너무 돌아가면..
막으시고 때로는 매를 드십니다.
우리가 평안하시기를 바라시니까요..

✝

십자가 지신
예수님을 사모한다면
세상삶의 작은 누림에도
감사해야 합니다

세상의 부귀, 승진, 합격, 소유만 구하고 집착하기보다는..
낮은곳에 계시며 우리위해 십자가를 지셨던 예수님이 보시기에
우리가 작은 누림과 작은 것에 감사하고 만족할 때
더욱 기뻐하시며 궁휼히 여기실 것입니다.

주님 덕분에
오늘도 호흡하며 살아갑니다

눈으로는 볼 수 없는 주님이 만드신 신선한 공기를 마시고
호흡할 수 있음에 감사합니다.
보이진 않지만 그 가치를 믿고 감사할 수 있는 것은 가장 귀한 축복이며,
가장 겸손한 백성들로 주님이 귀하게 여기실 것을 믿습니다.
아멘.

주님이 예비해두신 가장 좋은 곳이 있기에..
믿음으로 모든 것을 노련하게 이겨냅시다

주님을 경외하고 믿는 자에게 주님은 때론 더디더라도
모든것을 예비하시고 이루십니다.
감사를 바탕으로 보이지 않는 주님을 의식하며
믿는 우리는 주님보시기에 귀중한 자녀이니까요~~
그런 자녀는 주님이 책임져주십니다.
아멘.

✝

주님이 기뻐하시는 길을 가려고 노력하면
가는 길이 험해도, 돌아가더라도 승리합니다

완벽하지 않은 우리이기에 잠시 삐뚤게 갔더라도,
혹은 아닌것에 우리 생각대로 잘 못 가고 있더라도,
당장 이익이 없다하여도 아닌것을 용기로 내려놓고 돌이키고
주님이 기뻐하시는 길이 어떤것인지 가려고 몸부림친다면
반드시 주님이 원하시는 길로 인도하시고
주님의 때에 승리하고 형통하게 될 것입니다.

Loyalty to the Jesus!

✝

우리를 위하여
나그네의 삶을 사신 주님보다..
우리는 이시대에 누리는 것이 너무 많습니다

모든 것을 감사로 먼저 고백합시다

세상적인 우리의 원함과 바람을 구하기 전에
우리를 위한 주님께서 이세상에서의 고난속 나그네의 삶을
우리는 먼저 슬퍼하며 현재의 감사의 고백을 하는 것이 먼저입니다.
우리는 이시대에 예수님이 누리지 못하셨던 사소한것 하나까지도
우리는 누리고 있기 때문입니다.
그 고백이 주님이 보시기에 더욱 귀하게 여기실 겁니다.

✝

주님의 작품이므로
우리의 자신을 사랑합시다

우리의 뜻으로 세상에 온것이 아니고
우리는 주님의 존귀하신 뜻으로 세상에 태어난
아주 값진 최고의 작품이기에..
고난과 역경이 와도 우리를 향한 주님의 큰 계획을 이루시기 위하여
우리를 더욱 강하게 단련하시는 것이므로
감사로 견뎌내며 하루하루 주님이 기뻐하시는 결정을 하려고 노력하고
꿋꿋히 나아가면서 자책하지 말고 자신을 사랑할 때
결국 주님뜻을 이루실것이고 정금같이 될 것입니다.

✝

주님만이 완전히 용서하시고
주님만이 완전히 다듬으신다

부족한 나를 완전히 용서하시고 이해해주시며
부족한 나를 알게하시고 다듬어가시는 주님.

✝

우리의 삶은
주님이 앞서 가시도록
맡겨드려야 매사에 평안합니다

내자신이 조급함, 아집, 합리화가 앞설 때에는 주님의 일하심을 체험할 수 없었다. 삶의 상황들 속에서 주님이 기뻐하시는 것일까 아닐까 생각해보면 눈앞에 이익과 비굴한 선택보다는 주님보시기에 부끄럽지 않은 선택을 하려고 조금씩 생각하며 작은것부터 변화하고 결정하였더니 모든것을 다아시는 주님이 귀하게 여기어 주시사 부족한 나를 감사와 만족할 수 있는 상황들로 채워주셨다. 주님을 경외하고 주님을 진실로 의식하면 우리는 주님께 초점을 맞추고 맡겨드릴 수 있다. 그러할때 주님은 평안을 허락하여 주시기 때문이다.

✝

누군가에게는 복잡한 일이
누군가에게는 간단합니다

전지전능하신 주님만을 기대합니다

낙심하고 좌절해도
실수하고 실패해도
남이 있는 인맥, 물질 부족해도
그것들을 전환하시고, 다스리시고,
주인되시는 주님만을 오늘도 웃으며
감사와 만족으로 수고하며 기대합니다.

✝

"사랑이란"

헛점을 감싸주는 사랑

'이유가 있었겠지'라고
안아주는 사랑

주님이 우리에게
그러하신 것 같이..

✝

우리는 옳다고 해도
우리를 위하여

아니라고 판단하시고
막으시는 주님

우리는 아닌것에 가끔은 합리화로 너~~무 긴 시간을 허비하며
주님의 합당하신 뜻과 다르게 상황들이 막히며
움직이고 있을 수도 있습니다.
그러기에 우리는 그것을 우리의 합리화가 아닌 주님의 입장에서
냉정하게 묵상하며 돌아보며 주님의 합당하심이 무엇인지 구한 후
아닌것에 대한 집착과 그것을 내려놓음의 용기로 인한 변화가
곧 형통의 지름길일 것입니다.

✝

세상을 따라갈수록 불안하고

천국을 신뢰할수록 평안합니다

세상은 온갖 걱정거리 욕심 염려 후회로 가득하나,
천국을 신뢰하며 주님을 의식하면
점점 만족 감사 평안을 느끼며 맘속에 자리잡는다.

✝

이래도 저래도

결국, 주님만 언제나 함께 하셨습니다

돌아보면 주님만은 이해해주셨고

눈감아주셨고 기다려주셨고 사랑해주셨습니다.

세상은 정 반대였습니다.

✝

나의 죄를 전부 들추어 내지 않으시고
덮어주시고 감싸주셔서 이렇게 은혜로
살아갈 수 있음 또한 너무 감사합니다. 주님

언제든지 수치가
드러날 수 있고 넘어질 수 있는 연약한
저의 존재이므로 저 또한 남을 용서하며
허물을 덮어주며 살도록 노력하겠습니다

기도하고 마음먹으면 언제든지
새로운 기회를 가질 수 있음에 감사합니다

지나간거 후회하는 것 모두 단단해지기 위함이었으니 은혜이고
변화되어 언제든지 더 좋은 기회를 가질 수 있게 해주시는 주님께
감사할 뿐입니다.
움츠리지 말고 모두 활기차게 다시 시작하시죠~
인생은 시작의 연속일 때 더욱 매력있으니까요.
모두 힘내세요.

✝

우리는 오늘도 한치 앞을 정확히
모르는 연약한 존재이기에
힘든 과제나 역경이 와도 뿌리치고,
주님만을 신뢰하고 의지합니다

우리의 행실이 합당하려고 노력하고,
주님을 신실로 의지하고 신뢰할 때..
주님은 우리를 세상힘과 세상기준의 삶 속에서도
주님의 방법으로 승리케 하시고,
좋지않은 상황 또한 막아주실 것을 믿습니다.

Loyalty to the Jesus!

✝

주님, 한없이 부족한 제가..
주님의 단련하심을 감사로 느끼며
훗날 정금같이 나아갈 수 있게
지혜와 명철 그리고 순종을 더하여 주세요

단련하심의 역경을 이겨내고
오히려 감사로 받아들일 수 있는 명철과
인내를 더욱 더하여 주세요. 주님 ~~

✝

주님이 주시는 평안과 형통은
만족하며 감사할 때 더욱 넓어집니다

불평, 불만, 욕심, 염려, 두려움을 다스리지 못하면
불안과 고난이 더욱 커지며..
현재의 만족과 감사의 습관은
평안과 형통으로 맑게 다가온다.
점점 넓게..

✝

우리가 죄를 지어도 주님이 자비로
오래 참으시고 침묵하신다고 하지만,
절대로 안주해서는 안됩니다

불순종으로 인한 죄가 계속되다가
한순간에 우리의 선택으로
아주 깊은 죄를 짓게 된다면
평생을 후회하며 돌이킬 수 없는
상황으로 빠집니다. 그래서 우리는
순종과 온유, 그리고 인내로 깨어서
죄를 다스리고 훈련해야 합니다

정도를 지키고 사는 것은
의인이 나아가야 할 계명입니다.

현재에 감사와 만족으로 살면.. 모든 죄의 원인이 되는 불평과 불만족, 욕심으로 인한 술취함과 방탕의 삶에서 오는 죄를 이겨낼 수 있습니다. 한이 많고 염려가 많아도 감사할 부분이 우리에게는 많습니다.
주님께 감사와 만족으로 오늘도 기도하며 나아가면 주님은 더욱 감사할 상황을 부어주실 것입니다.

섬세하시고 세밀하신 주님

너무 염려하지 마세요.
길을 잘 못 들어도, 돌이키기 힘든 상황이어도
믿고 신뢰하는 자에게
세밀하게 개입하셔서 역사하시는
자비로운 분이십니다.

✝

우리를 향하신..
주님의 기대들이 무엇인지..
합당히 생각하며, 전진하면
매순간이 감사와 평안이며
매순간이 복음의 간증이 됩니다

✝

인간의 힘으로 가능하다 해도,
주님이 거절하시면 안됩니다

인간의 힘으로 불가능하다 해도,
주님이 허락하시면 됩니다

✝

흔들리는 삶과 마음을
다시 정돈하는 힘은
주님이 항상 지켜보신다는 믿음과
의식으로 인한 행함에서 나옵니다

믿는자는 잠시 그릇된 길과
세상기준에서 살고 있어도
다시 선한 옳은 주님이 원하시는 길을 느끼며
돌이킬 수 있는 힘이 있습니다.
정돈할 수 있는 것 또한 감사입니다.

✝

먹고 마시고 보고 들을 수 있는 것
걸을 수 있고 일할 수 있는 것
이 모든 것이 가장 값진 감사입니다

우리가 절망 중이고 기대한것이 실망되고
세상기준으로 막막할 때에도
우리모두는 감사할 부분이 많습니다.
오히려 힘든 순간 힘내어 주님께 감사기도를 하여 보세요.
주님은 더욱 존귀하게 우리를 보시고 위로해 주실 겁니다 .

†

내 생각 아시는 주님
내 상황 아시는 주님
내 위치 아시는 주님

왕되신
주님의 인도하심이
감사입니다

✝

물질과 소유를
만족하고 다스리지 못하는
부요가 짧고 헛됨을
하루라도 빨리 알게 하심에 감사

부로 인한 욕심의 끝이
허무함과 불행임을 느끼게 하심도 감사

새들처럼 주님의 돌보심으로 항상 주신
은혜에 만족하는 평안한 영혼되도록
나아갑니다

모든것은 주님이 주시는 것. 그리고 누구보다 우리의 최소의 필요를 아시고 공급하시는 분. 욕심보다 현재의 살아감에 사소한것부터 감사와 만족으로 그저 감사하면 나그네의 삶을 겪으신 주님은 그런 자세의 우리를 귀하게 여기시사 더욱 큰 은혜도 주님의 때에 반드시 채우시더라구요.

✝

주님의 순서는 인간의 순서와 다를 때가 있고
주님의 역사는 인간의 판단을 초월하는 기적

즉, 인간의 순서와 판단은
주님의 순서와 판단과
비교하면..
넓고 깊이가 틀립니다

온전하다면..
순서가 뒤바뀌어도 염려말고 감사해봐요
주님은 주님의 때에
순서를 바꾸시는 분이니까요

✝

돌아보면..
주님이 아닌 세상을 선택할때에도
주님은 나를 믿으셨고
주님이 아닌 세상을 의지할 때에도
주님은 나를 건지셨고
주님이 아닌 세상을 자랑할 때에도
주님은 나를 먹이셨습니다

그러기에, 이제는
내가 그 사랑
갚아야 합니다

✝

세상 지인들은 사소한 것에도 떠나지만
오직 주님만은 어떠한 것에도 지키시고

세상 지인은 거짓된 모사에서 등돌리지만
오직 주님만은 거짓된 모사에서 건져주십니다

세상 그 누구도 민감하고 변하지만
오직 주님만은 변치않고 편되어 주십니다

그래서 주님께 의리지켜야 합니다

†

지금 생각하면 방탕했던 때에도
그 안에 뜻이 있으셨고
지금 생각하면 초라했던 때에도
그 안에 뜻이 있으셨습니다

방탕해봐서 돌이켰고
초라해봐서 만족합니다

돌이키고 만족하는
은혜가 감사이고
형통할지라도
주님의 공로임을 알아야 합니다

현재 우리의 어떤상황에서도 주님의 뜻이 있으심을 생각하며 자책하지 마시고 아닌것은 변화되려고 바꾸려고 기도하며 마음속에 중심만 주님을 기억하시고 감사하며 나아가세요.

Loyalty to the Jesus!

✝

과거엔 욕심과 불만족 속에서 풍부한 줄 모르고
방탕하게 살다가 방탕이 습관되어
모든걸 잃어버렸지만,

지금은 평안과 만족 속에서 주님이
허락하신 일들로 인한 물질과 형편안에서
오직 감사로 살아가고 있습니다

평안은 만족할 때 더욱 커지고
감사는 형통의 지름길입니다

✝

엮인게 많아도
해결이 안되도
희망이 없어도

주님을 진실로 의식하고 자책말고
돌이켜서 우리의 힘을 내려놓고
오히려 감사기도를 하면
주님은 불쌍히 여기시사
역사하십니다

우리의 연약함을 아시기에..

복잡한 상황에 우리힘으로 풀려면 너무 힘들고 더욱 올무에 걸리며 우리의 영혼과 정신까지 악한것에 지배되는 증상들이 옵니다.
복잡한 상황에서 오히려 감사할 수 없지만 잠시라도 힘내서 주님께 감사할 부분을 생각해보고 찾아서 오히려 감사하다고 부족했다고 기도로 내려놓아보세요.
주님은 반드시 회복시키십니다.

Loyalty to the Jesus!

✝

주님이 계시기에 낮아집니다

주님이 계시기에 돌이킵니다

주님이 계시기에 변화됩니다

부족한 우리를 다듬고 고쳐서
사용하시는, 세상이 측량할 수 없는
사랑의 그 분은 Jesus..

✝

우리의 그른 생각과 결정 때문에
결국, 자신을 지배하는 증상들이 오며
자신을 컨트롤하지 못할 때에는
악한것들에게 영혼이 지배되어집니다

그래서 힘들겠지만..

그른 욕심과 유혹이 찾아올 때
주님을 의식하고, 현재에 만족으로
거절하고 떨쳐내는
연습이 필요합니다

매순간 주님을 의식하는 자에게
매순간 주님은 개입하여 주십니다

✝

주님.. 우리는 나약합니다
때론 넘어져도.. 붙잡아주시고,
옳은 길로 인도하여 주시사..

잠시 세상속에 빠질 때에도
옳은 생각과 돌이키는 힘을
더하여 주세요. 아멘

✝

우리가 받은 은혜와 역사가
'전부 다'라는 사실을 인지하지 못한다면,
우리의 초점이 아직 세상기준으로
감사와 만족을
판단하고 있기 때문입니다

✝

세상에서 눈에 보이지 않는
주님을 진실로
신뢰하고, 의식하고, 믿는 것은

세상에서 가장 큰 것을 얻은 것이며,
매사에 가장 옳고 현명한
선택을 할줄아는 형통한 존재들입니다

상업적 거짓 신앙인이 아닌
주님만 의식하며 갈망하며 부족함을 돌이키며
살아가는 진실된 주님의 백성들을 존경합니다.

Loyalty to the Jesus!

✝

주님은..
단련하신 후에
생각치 못한 한 순간에
모든 것을 바꾸실 수 있는
전지전능 하신 분이더라구요

초조, 불안해 마세요
정금같이 만드십니다

그저, 감사와 만족으로
한발한발 나아가시면
됩니다..

마음을 지키는 길은 감사와 만족으로
때를 기다리는 것입니다.
합당한 기대와 합당한 희망의 결과는
감사와 만족으로 주님의 초점에서
합당히 구하며 나아갈 때
다가옵니다. ♡♡

✝

감사와 만족으로
항상 깨어서 마음을
정돈해야 넘어지지 않습니다

우리는 연약하기에 욕심이 생기고
유혹에 쉽게 넘어지기 쉽지만,
감사와 만족으로 무장하면 초조와 불안이 줄어들고 잠시 넘어져도
일어날 수 있는 힘이 늘어납니다.

✝

일찍 엎드리면
훗날 후회만 남지 않습니다

주님께로 엎드리고 돌이킬 때
후회보다 감사가 더 많아지고
평온해집니다.

✝

전진도 주님의 때에
후진도 주님의 때에

전진도 후진도 주님의 뜻이 있으시기에
좌로나 우로나 치우치지 말고 믿음으로
받아들이고 나아갑시다.
끝은 평안입니다.

†

조건을 따지는 세상 삶은
무조건으로 사랑하시는 주님을
닮아가야 밝아집니다

그렇게 할 때. 세상삶의 결과도, 주어진 일도, 모든 관계도
형통하고 사랑으로 오래갑니다.

✝

초조한 마음을
다스리는 길은
맡기는 것입니다

✝

예수님의 힘으로 살아갑니다
예수님의 능력으로 이뤄냅니다

✝

세상 유혹에 넘어지면...

세상에서 유명해도
한순간에 넘어지고
세상에서 힘이 세도
한순간에 무너진다

세상에서..
유명하지도 힘이 세지도 않지만,
주어진 것에 감사하고 만족하는
주님품이 점점 형통하고 오래갑니다

모든것이 헛되다는 것을 느끼게 하시는 주님.
그것을 느끼고 만족하며 감사하며 기대하는
우리의 삶이 곧 강함이고 최후의 승자입니다.

Loyalty to the Jesus!

✝

회심의 진정성은 삶의 변화로 나타나고,
그로 인해 보는 것과 가치관이 달라집니다

✝

나는 부족하지만..
완벽한 주님이 나의 아버지시고,

나는 연약하지만..
젤 힘센 주님이 나의 친구이십니다

그런 주님이.
우리를.. 다 보고계시고. 다아시고.
지켜주고 계십니다.
아멘.

Loyalty to the Jesus!

†

1. 만족과 감사로 가볍게 살아가기
2. 무거운 짐은 주님께 맡기되
   옳고 그름을 분별하기
3. 아닌것에 합리화하지 않고,
   욕심을 버리고 미련갖지 말기
4. 주님의 입장에서 생각해보고
   결정하되 지체되어도 때를 기다리기

감사할 수 없는 상황에서 힘내는것.
그리고 아닌것에 미련을 버리고
주님께 소망을 두는 베짱있는 주님의 아들, 딸이 됩시다.
그것들이 비록 힘들지만…
끝은 선하게 창대할 것입니다.

✝

세상사람들과 비교하며 불평하지 말고

나그네였던 예수님과 비교하여 슬퍼하며
만족하고 감사합니다

이 부분이 우리 마음 속에 바탕이 될 때..
형통의 기적과 역사가 일어납니다.

✝

나는 아무것도 아니지만
하나님이 계십니다

나는 아무것도 아니지만
예수님이 계십니다

✝

만족없이 요동치고 불안한 세상 풍요보다
주님품을 느끼며 모든걸 공급하시는 믿음의
광야가 더 좋습니다

✝

나의 뜻대로 마옵시고
주님 뜻대로 하여주옵소서
주님 뜻이면 고난도 승리하기에
헤쳐가겠습니다. 아멘

✝

나도 모르는 내 심줄의 위치
나도 모르는 내 세포의 갯수
나도 모르는 내 심장의 상태
나도 모르는 연약한 내 자신

내 몸의 주인되시는
주님께서 생명을
허락하심에 감사합니다

✝

주님. 단지 회개에만 의존하며
죄를 가볍게 넘기는
나만의 합리화의 신앙이 아닌
죄를 줄이고 끊어내려는 주님안에서
참 신앙인으로 인도하여 주옵소서. 아멘

✝

새 아침을 주심에 감사합니다
새 마음을 주심에 감사합니다
새 인생을 주심에 감사합니다
이것이 축복입니다

항상 새롭게 나아갈 수 있습니다.
주님 덕분에 ~~~~

✝

때론 남보다 없어도 감사

때론 남만큼 있어도 감사

때론 남보다 많아도 감사

한결같이 감사

비천할 때도 있고
풍부할 때도 있습니다

누구나

그래서 감사

✝

내 삶은 주안에 살았고
내 삶은 주님을 주인삼았고
주 안에 감사와 만족의 내 삶
주님 의지하는 삶을 살았습니다

주께서 내 모든 필요 아시고
주께서 내 모든 앞길 여시고
내 생각 내 방법 내려놓으며
모든것을 주께 맡겨버렸습니다

감사함을 알게 하신 내 주님
또 조건없이 채워주신 내 주님

감사함을 알게하시고
만족함을 알게하셨습니다
주님만이 내평안이였습니다
내 평안이셨습니다

Loyalty to the Jesus!

✝

누구나 허물이 있는데 본인만 없다합니다
누구나 약점이 있는데 본인만 없다합니다
누구나 결점이 있는데 본인만 없다합니다

주님이 우리의 죄를 전부 들추시면 우리는
단 하루도 살 수 없습니다

그래서 우리는 주님처럼 자비롭게
허물을 덮어주고
약점을 지켜주고
결점을 안아주는
삶을 살아야 합니다
그래야 주님이 더욱 자비를 베푸십니다

✝

주님 품이 아닌...

인간에게 소망을 두니 실망이 오고
세상에서 비교를 하니 욕심이 되며
죄안에서 인생을 사니 평안이 없습니다

✝

세상속에 힘듦은 세상으로부터 오고
세상속에 평안은 주님으로부터 옵니다

✝

오늘도 주일예배 드릴 수 있어서
감사합니다

오늘도 참회기도 드릴 수 있어서
감사합니다

항상 돌아보며 경건하고
새롭게 나아갈 수 있게 해주셔서
감사합니다. 주님.

삶의 길이 수없이 많은 세상
삶의 길을 인도하시는 주님

✝

인간이 손꼽아 기대한 일들이
순간, 실망으로 돌아왔을 때

우리 믿음을 시험할 수 있습니다
실망 중에서도
절망 중에서도

오직 주님을 믿고
오히려 힘차게 나아가면
우리 생각보다 깊고 넓은 주님이
역사하십니다

쉽지않은 순간에도 주님을 바라보고 힘내는 것.
그것이 결국 승리이고 강함입니다.

✝

한계가 올 때 혼자힘으로 끌고가면 하수
한계가 올 때 주를 기리고 의지하면 고수

✝

삶을 포기하지 마세요

주님보다 더 사람들 앞에서 자존심 상했나요?

주님보다 더 사람들 앞에서 모사에 견뎠나요?

주님보다 더 사람들 앞에서 모욕을 당했나요?

주님보다 더 사람들 앞에서 억울함을 겪었나요?

왕으로 오신 예수님은 누리지 못하시고

우리의 죄를 사하시려고 나그네로 사시다가

저런것들을 이겨내셨어요

과거의 실수에 집착하지 말아요

인간의 눈치에 신경쓰지 말아요

사람의 판단에 시간낭비 말아요

아무 의미 없어요

오직 주님에게만 털어놓고 소통하세요

부족해도 돼요. 실수해도 돼요. 회복시키십니다

오직 주님만이...

✝

주님 품에 있을 때 죄에서 멀어지고
주님 품에 있을 때 염려가 사라지고
주님 품에 있을 때 모든게 감사하고
주님 품에 있을 때 언제나 안전합니다

✝

내가 공들여 쌓았던 인맥들은 없어지고
내가 소홀히 여겼던 주님만은 있으셨네

내가 믿었던 인맥들은 변하지만
나를 믿었던 주님만은 한결같네

오직 주님께만 의지하고 믿으리라

†

주님은 내게 세상의 헛됨을 알게하셨고
주님은 내게 주님의 능력을 보여주시사
주님은 내게 주님의 작품을 이루실 것을
나는 믿습니다
아멘

✝

내 삶은 죄안에 살았고
내 삶은 세상이 주인이었고
사람과 돈을 의지하였던 내 삶
돌아보니 내 것하나 없었네

주님께 돌아가기로 맘 정하고
주님께 엎드려 회개드리고
가진 것 하나 없이 찾아간 주님
나를 기다리며 안아주셨네

묻지않고 용서하신 내 주님
또 변치않고 기다리신 내 주님
헛된 세상 알게하시고 연약함을 알게하셨네
주님만이 내 사랑이셨네

묻지않고 용서하신 내 주님
또 변치않고 기다리신 내 주님
헛된 세상 알게하시고 연약함을 알게 하셨네
주님만이 내 사랑이셨네 내 사랑이셨네

Loyalty to the Jesus!

✝

겪어보니..
내 인생의 목적은 짧은 세상의 불안한
부요도 아니고
내 인생의 목표는 험한세상의 불편한
일등도 아니고

오직 나의 소망은 주님품에서
감사와 만족으로
주님으로부터 주님의 때에
채워지고, 누리는 평안이
이 세상에서도 천국이요
나의 최고의 소망입니다

세상 부요와 일등은 변하며, 오히려 지키려고 불안하고, 손해보고 조금 잃어도 이성을잃고, 가진게 많아도 더 욕심내어 집착과 의심으로 이성을 잃습니다. 절대 영원히 평안하게 세상것은 지킬 수가 없는 것입니다. 오직 평안은 만족과 감사의 삶에서 주님의 채워주심을 느끼며 살 때 크던, 적던 때에 맞게 감사함으로 받는 은혜가 평안입니다.

✝

내 귀한 아들 딸들아..

앞을 모르니 실망하며

앞을 모르니 염려하며

앞을 모르니 불안하며

앞을 모르니 사람이 좋아 배신당하고

앞을 모르니 쾌락이 좋아 올무에 걸리고

앞을 모르니 물질이 좋아 옥에 갇히고

그렇지?

오직 미래는 나만 알도록 하였단다

미래를 만든

완벽한 내게

너를 맡기거라

안전하고 평안하리라

✝

인생의 그 어떤 화려함도 잠시였고,
인생의 그 어떤 쾌락함도 아주 잠시
남는 건 후회와 손해뿐

허나, 늦지 않았습니다
오직 허락된 하루에 감사로
주어진 것에 만족하며 누리는
잠잠한 삶을 살려고 노력했습니다

결국 그럴 때..
주님이 때에 맞게 누리게 하셨고
회복시켜 주셨습니다

주님은..
우리가 합당할 때 순간 역전으로 다시 일으키실 수 있는 분입니다.
후회하고 늦었다고 생각하지 마세요.
다시 돌이키면 됩니다.

✝

주가 가신 고생 길
나를 위해 가신 길
그 사랑 어찌 슬픈지
내가 누리는 것들
그는 못 누리셨네
내 마음 무너집니다
너무 죄송해요
주님 감사해요
날 위해 십자가 고통당하신
주님 사랑해요
주님 약속해요
의리지키며 나갈게요

Loyalty to the Jesus!

✝

나의 품으로 오라
세상은 험난하리니
모든 걱정 염려를
내게 넘겨 주겠니
세상 안에 모든 것
너 뜻대로 되지 않으니
의심치 말고 내 사랑 받아주겠니
너는 아직 내가 너를 만든 것을
아직 모르구나 슬프구나
제발 와줄 수 없니
너를 위해
나의 몸을 희생하며 죽었노라
그런 너는 나의 전부이니까..

✝

세상은 포장으로 가득하고
세상은 악함으로 가득하고
오직 주님만이 선하시며
오직 주님만이 불변하십니다

Loyalty to the Jesus!

✝

생명의 양식

영혼의 양식

육체의 양식

오직 주님께로부터 옵니다

✝

주님이 지켜보셔서 위축되지 않게 되요
주님이 지켜보셔서 유혹되지 않게 되요

주님이 지켜보셔서 불안하지 않게 되요
주님이 지켜보셔서 정도 안에 살아가요

†

주님이 허락하셨던 고통과 역경은
마침내 형통할 때..
감사와 겸손하게 하기 위함이었고

주님이 반대하셨던 신속한 요행은
결국에 쉽게 무너지는 지름길이었습니다

✝

부족한 저를 올무에서 건지셨던 주님
부족한 저를 세상에서 지키셨던 주님
부족한 저를 사용하사 먹이셨던 주님
주님께 의리 지키겠습니다

Loyalty to the Jesus!

✝

우리의 힘으로 가면 복잡하고
주님의 힘으로 가면 Simple합니다

✝

힘들 때 오히려 감사하고 주님의 때를 기리면,
감사할 기적을 속히 베푸시고,
힘들 때 역시나 불평하고 자신의 때를 믿으면,
실망할 기적이 속히 옵니다

가난해도 내 편 되시는 주님
억울해도 구해주시는 주님
부족해도 채워주시는 주님
실패해도 기회주시는 주님
당신을 사랑합니다

✝

내 아들 딸아..
너를 믿으면 실망한단다
너를 믿으면 후회한단다
너를 믿으면 위험하단다
너를 믿으면 돌아간단다
내게 오렴..

✝

주님이 가신 나그네의 길과
주님이 지신 십자가의 고통

그 고난과 아픔의 사랑
덕분에..

죄인인 부족한 제가..

살아갈 수 있으며
돌이킬 수 있으며
변화될 수 있음에

감사합니다

주님께 의리지키며
나아가는 삶 되겠습니다

✝

나와 함께 의논해 주렴

나와 함께 동행해 주렴

나와 함께 친구해 주렴

나와 함께 억울해 주렴

인간은 변하고 이기적이나

내가 너를 만들었고

너는 내 것이고

너는 내게 존귀하다

나는 변치않는 사랑이란다

✝

주님은..
주님을 진실로
인식하며 돌이키며
행하는 자를 돌보십니다

✝

조금 늦지만 경험하게 하셨습니다
조금 늦지만 깨닫게 하셨습니다
조금 늦지만 안전하게 하셨습니다

결국, 조금 늦었으니 축복이었습니다

✝

주님께 언제든지 나아가고
돌아갈 수 있는 자체가
복 입니다

주님만이 우리를 언제든지 안아주십니다.

✝

우리가 회개하고
엎드리는 과정이
존귀한 믿음입니다

회개는 용기이고 겸손입니다.

†

우리가 지킬
의리의 대상 1호는
주님이어야 합니다

이세상에 계실 때 우리를 위하여
나그네로 사시고 고통받으시며 억울하셨으며 사명을 다하신
누리지못하신 예수님..
예수님보다 세상에서 누리고있는 우리는
그런 예수님 앞에서 감사와 만족으로 승리하여
영광을 돌리는 의리의 아들, 딸 들이 되어야 합니다.

✝

주님의 존재를

삶에서 믿고 사는 것..

그것은 전부를 갖는 것입니다

†

주님의 때는
항상 기가 막힙니다

믿는 자는
인내할 수 있으며
기다릴 수 있는
환경을 주십니다

✝

주님 품에 평안이 있습니다
감사와 만족이
그 품에 거할 때 있습니다

만족은 영혼을 잠잠케하여
좌로나 우로나 치우치지 않고
불안하지 않는 무기입니다. 자신을
지키려면 주님안에서 만족하고 침착해야 합니다.

†

주님 품에 거할 때

세상의 줄은 주님이 붙여주시고
사람의 마음 또한 주님이 여십니다

어떤 상황에서도 주님께 받은 모든 은혜에 감사하고 만족하며,
그리고 내 자신이 경건하게 변화되도록 점점 나아갈 때 ..
주님은 나의 모든 상황, 위치, 형편을 아시므로
가장 좋은 때에 가장 좋은 것으로 열어 주셨습니다.

✝

잘못을 인정하고
주님 앞에 엎드릴 때
영혼과 양심의 평안이 오고
죄에서 점점 멀어집니다

회개기도는 우리의 죄와 부족함을 인정하는 겸손이고, 정직이며,
주님께 용서를 구하여 점점 변화되고,
죄를 사함받는 영혼의 평안이 오는 귀하고 감사한 것입니다.
회개할 수 있고, 그로 인해 변화될 수 있음에
감사합니다. 주님.

✝

남의 수치와 남의 헛점도
감싸주세요
주님이 더 존귀하게
우리를 감싸주실 겁니다

✝

회개는 주님을 의식하는 것이며
회개는 잘못을 인정하는 것이며
회개는 평안을 찾으려는 것입니다

할 수 있음에 감사합니다

✝

주님 품에서 떠나기 싫습니다
가장 안전하고
가장 위안되며
가장 강력합니다

그래서 주님 품을 벗어나는
세상의 유혹과 방법이 싫어집니다

✝

숫자나 가진 것,
조건의 기준이 아닌,

주님이 부족한 저희를
긍휼이 여기심처럼

저희도 긍휼로 서로
사랑하는 국민되게
역사하여 주세요

✝

초조하면 아닌 것에
욕심부리고 합리화되요

현재에 만족하며
주님만 의식하세요

주님이 옳을 때에
옳은 것으로 여십니다

✝

부족한..

나를 만드시고 계시는 분
나를 변화도록 하시는 분
나를 내려놓게 하시는 분

그 분은..
유일한 주님

모질고 부족한 나를 다듬으시고
바꾸시는 주님. 감사합니다.

✝

회개없는 죄는 습관이 되어 커지고
습관된 죄는
지속되는 죄로 자리잡고
지속되는 죄는 어느순간
의지로 끊을 수 없는
무던하고 감당할 수 없는
강한 죄로 인간은 무너집니다

변화되는 힘은 주님을 진실로 의식하는 행동으로부터 시작됩니다.
습관된 죄가 주님앞에서 부끄러움으로 하루하루 몸부림으로 줄여지고,
하루하루 죄를 이기는 면역력으로 습관이 쌓일 때
깊이박힌 습관된 죄를 이기고 끊어낼 수 있습니다.
그것이 예수님에 대한 의리이고
그 의리가 우리를 형통의 삶으로 변화시킵니다.

✝

주님이 OK하신 일들은..
평안하고, 탈이 없는
가장 좋은 것입니다

✝

기대한 일이..
조금 늦어서 초조했을 때
그래서 불안이 몰려올 때

그때 용기내서 주님 뜻이 아닌가..
구하고, 오히려 힘내어 감사했는데
주님은 가장 완벽한 것으로
채워주셨습니다

흔들리면 자신이 무너집니다
그럴 때 용기내어 감사해보세요

우리를 불쌍히 여기시고
우리를 위로해 주시는
자비로우신 주님. 감사합니다.

✝

주님을 진실로
의식하는 자는
일찍 엎드립니다

의식은 진실한 믿음이며, 의식하면 주님 앞에서 부끄러움을 알게 됩니다.
결국 엎드리며 변화됩니다.

Loyalty to the Jesus!

✝

어떤 형편에서도
감사와 만족을 아는 자에게
주께서 더디지 않으십니다

감사와 만족은 예수님에 대한 의리입니다.
의리는 존귀함으로 여겨지며 우리의 형통으로 이어집니다.

✝

주님의 때에 결국 역사 하십니다
믿음으로 육신과 영혼을 지키고 계세요
힘들어도 너무 돌아가지 마세요

✝

결국 주님이 지키십니다

조금 더 인내하시고
조금 더 의지하세요

흔들리지 마세요

THE 의리

저　자　이 영 민
발 행 일　2025. 06. 27
출 판 사　도서출판 애플북
I S B N　979-11-93285-08-4 (03230)
발 행 처　도서출판 애플북

이 책은 저작권법에 따라 보호받는 저작물이므로
무단 전재와 무단 복제를 금지합니다.